VLM

David Jaffin

Der auferstandene Christus als unser Seelsorger

Verlag der
Liebenzeller Mission
Bad Liebenzell

ISBN 3 88002 310 7

Umschlagbild: Grünewald, »Die Auferstehung«,
Isenheimer Altar, Museum Unterlinden, Colmar
Herstellung: Druckhaus Gummersbach, Gummersbach/Derschlag
Printed in W.-Germany

Inhalt

Die Begegnung mit Maria Magdalena 7
Emmaus 24
Thomas 44
Petrus am See Genezareth 60

Die Begegnung mit Maria Magdalena

Am ersten Tag der Woche kommt Maria Magdalena früh, als es noch finster war, zum Grab und sieht, daß der Stein vom Grab weg war. Da läuft sie und kommt zu Simon Petrus und zu dem andern Jünger, den Jesus lieb hatte, und spricht zu ihnen: Sie haben den Herrn weggenommen aus dem Grab, und wir wissen nicht, wo sie ihn hingelegt haben.
(Joh. 20, 1.2)

Maria aber stand draußen vor dem Grab und weinte. Als sie nun weinte, schaute sie in das Grab und sieht zwei Engel in weißen Gewändern sitzen, einen zu Häupten und den andern zu Füßen, wo sie den Leichnam Jesu hingelegt hatten. Und sie sprachen zu ihr: Frau, was weinst du? Sie spricht zu ihnen: Sie haben meinen Herrn weggenommen, und ich weiß nicht, wo sie ihn hingelegt haben. Und als sie das sagte, wandte sie sich um und sieht Jesus stehen und weiß nicht, daß es Jesus ist. Spricht Jesus zu ihr: Maria! Da wandte sie sich um und spricht zu ihm auf hebräisch: Rabbuni!, das heißt: Meister! Spricht Jesus zu ihr: Rühre mich nicht an! denn ich bin noch nicht aufgefahren zum Vater. Geh aber hin zu meinen Brüdern und sage ihnen: Ich fahre auf zu meinem Vater und zu eurem Vater, zu meinem Gott und zu eurem Gott. Maria von Magdala geht und verkündigt den Jüngern: Ich habe den Herrn gesehen, und das hat er zu mir gesagt.
(Joh. 20, 11-18)

Bei den Juden fängt der Tag mit dem Abend an, im Sonnenuntergang. Der jüdische Sabbat beginnt bei Sonnenuntergang am Freitagabend. Der neue Tag fängt abends an. Bei uns Christen aber fängt — wegen dieses österlichen Geschehens — der neue Tag in der Frühe an. Der Sabbat ist die Feier der Vollendung der alten Schöpfung. Da ruhte Gott. Auch wir, die Gemeinde, soll sich ausruhen und am Sabbat auf ihren Messias, ihren Heiland, warten. Wir Christen wissen, wer das ist, das ist der gekreuzigte und auferstandene

Jesus. Deswegen feiern wir den Sonntag und nicht den Samstag, weil die neue Schöpfung mit Jesu Auferstehung angefangen hat. Damit fängt auch ein neuer Tag an; *nicht nur ein neuer Tag, sondern eine neue Welt und eine neue Wirklichkeit,* worauf Israel und die Welt immer gewartet haben. Das ist hier geschehen. Das bewirkte die Auferstehung unseres Herrn und Heilands und zeigte seine Allmacht als der Schöpfer und der erlösende Gott. Dieser Anfang ist sehr wichtig: An dem ersten Tag der Woche kam Maria Magdalena früh, da es noch finster war. Finster bedeutet auch hier nicht nur körperlich finster, dunkel; finster hat einen übertragenen Sinn: Alles bleibt verborgen, alles ist im Unklaren, ist dunkel.

Da es noch finster war, ging sie zum Grabe und sah, daß der Stein vom Grabe weggerückt war. Was bedeutet dieser Stein, der über Jesu Grab gelegt war? Auf Befehl der Hohenpriester und Schriftgelehrten wurde das Grab verschlossen und zusätzlich von den Römern bewacht. Das bedeutet eine allumfassende Wache. Juden- und Heidenbewacher stellten fest, daß dieser Mensch tot und für immer weggeräumt sei. Stein bedeutet im Alten Testament bis heute Tod. Das will sagen: das ist der Beweis des Sieges über ihn. Ein großer Stein als Zeichen: der Tote kann nicht mehr herauskommen, sein Tod ist besiegelt. Deswegen ist es so, daß die Juden in biblischen Zeiten durch Steinigung töteten, nicht durch Kreuzigung wie die Römer. Warum durch Steinigung? Tod zum Tod. Dieser Mensch gehört dem Tod, er wird gesteinigt. Stein ist das Zeichen für leblos und tot. Wer heutzutage über einen jüdischen Friedhof geht, z. B. in Jerusalem, wo an den Gott Israels gläubige Juden bestattet sind, wird Steine sehen und keine Blumen. Blumen sieht man auf christlichen Gräbern, auf jüdischen Steine. Warum? Als Zeichen: dieser Mensch ist tot, wir denken an ihn als Lebendigen, aber Stein besiegelt die Tatsache, daß er tot ist. Tote dürfen nicht verehrt werden in Israel, es darf keine Beziehung zu dem Totenreich hergestellt werden. Wenn jemand tot ist, sitzt man sieben Tage lang und tut gar nichts außer Menschen zu empfangen und nur über ein Thema zu sprechen, über den Toten. So kann man bewältigen, daß dieser Mensch tot ist und daß man weiß, daß es jetzt weitergehen muß ohne den Toten. Tod bedeutet in Israel Ende. Deswegen ist die Aussage in Psalm 118 sehr merkwürdig — sie wird im Neuen Testament wiederholt: Jesus ist unser Eckstein geworden. Man benutzt ein Bild, das für jeden Juden Tod bedeutet. Das ist die Krönungsstufe des Todes: der Eckstein. Der Eckstein zu dem neuen Tempel ist sein gekreuzigter und auferstandener Leib. Der Eckstein ist die letzte Besiegelung des Todes, denn Stein bedeutet Tod. Jesus in seinem Tod zerstört den Tod und macht den Tod lebendig. Vom Eckstein schreibt ja schon Jesaja (Jes. 28, 16) und auch Paulus (Eph. 2, 20).

Der Stein war vom Grabe weg. Da läuft Maria Magdalena und kommt zu Simon Petrus und zu dem anderen Jünger, welchen Jesus lieb hatte, und spricht zu ihnen: »Sie haben den Herrn weggenommen aus dem Grabe und wir wissen nicht, wo sie ihn hingelegt haben.« Warum geht sie zu Simon Petrus und zu Johannes, der diesen Bericht schreibt, dem Lieblingsjünger, dem einzigen bei dem Kreuz Jesu? Warum geht sie gerade zu den zwei Jüngern? Weil man zwei Zeugen braucht, um etwas zu bestätigen. Darum erhärten es zwei Zeugen bei dem Kreuz Jesu, daß er Gott ist. Der eine ist ein jüdischer Mörder und der andere ein heidnischer Soldat. Das bedeutet: Es wird bezeugt von beiden, vom Volk Israel und von der heidnischen Welt, von einem Mörder und dem erklärten Feind Israels, daß dieser Mann für alle Menschen, für die ganze Menschheit, gestorben ist am Kreuz. Einer Frau Aussage, so hart das heute im Blick auf die Frauenrechtsbewegung tönt, galt in Israel vor Gericht nichts. Die jüdischen Frauen haben immer die Macht in der Familie gehabt. Ich habe in meiner vierten Klasse im Unterricht gesagt: »Ist es nicht so, daß zu Hause das letzte Wort die Mutter spricht?« Die Schüler haben gedacht, ich mache einen Witz (denn der Jude hat Humor). Aber, es stimmt, zu Hause spricht Mutter das letzte Wort, das ist unter Juden selbstverständlich. Der Vater hat nicht die letzte Entscheidung. Er kommt zur Beratung, und die Mutter entscheidet. In der Synagoge hat der Mann Vollmacht. Aber wo ist man mehr, in der Synagoge oder zu Hause? Auch bei den frömmsten Juden ist man doch mehr zu Hause, und da hat die Mutter Vollmacht. In Glaubenssachen hat die Mutter, haben die Frauen nicht zu bestimmen. Eine Zeugenaussage einer Frau gilt in Israel nicht, auch wenn die Frauen die dominierende Rolle in der jüdischen Familie spielen, obwohl diese das Zentrum für das Überleben des jüdischen Volkes ist. Aber vor Gericht gilt die Zeugenaussage einer Frau nicht. Deswegen sucht bei den Juden diese unmündige Frau zwei männliche Zeugen, die das Geschehene bezeugen können. Sie müssen bestätigen, daß er, Jesus, weg ist.

Hier wird auch Marias tiefe Treue zu Jesus gezeigt. Unser Thema hat mit einer Hure zu tun. Sie war die berüchtigtste Frau in ganz Israel. Ich darf sagen, wir Juden haben wenige Huren. Es gab im 19. Jahrhundert Psychologen, die wollten Studien über jüdische Huren machen, aber sie fanden keine. In Deutschland war keine einzige zu finden. Sie fanden dann in einem Slum-Viertel in Irland eine. Leider gibt es heute, am Ende der Tage, in Israel, in Tel Aviv, so etwas. Aber Maria Magdalena war berüchtigt. Sie war geplagt von sieben Geistern. Sie war total verdorben. Dann war sie von Jesus Christus gerettet worden. Seither hing sie mit unwandelbarer Treue an ihm. *Sie kam als erste zum Grab, als es noch dunkel war. Sie wollte genau sehen, was los ist.*

»Wir wissen nicht, wo sie ihn hingelegt haben.« Merkwürdig, es gibt sehr wenige humorvolle Stellen in der Bibel, hier ist eine, denn jeder, der das liest, weiß sehr genau, was mit Jesus passiert ist. Es ist noch finster. Licht ist noch nicht in dieses Geschehen gefallen. Wir sehen die hineintastenden Menschen. Sie sind nahe bei Jesus, können es aber nicht erfassen und begreifen. Sie kennen zwar Jesaja 53, haben aber noch nicht gemerkt, daß diese Schilderung von Jesus handelt. Auch gibt es mehrere Psalmen (z.B. Psalm 49), die über einen Helden reden, der dem Tod nicht endgültig übergeben wird. Das sind für Juden sehr dunkle Stellen, für uns Christen nicht, denn wir wissen, daß das mit Jesus zu tun hat. Wenn man heute mit einem Juden über die Auferstehung redet, denkt er sofort an Daniel 12 oder Hesekiel 37. Dort wird berichtet von der Auferstehung des ganzen Volkes zum Gericht. Die Vorstellung, daß einer allein auferstehen könnte, ist für einen Juden fremd. Jesus hatte mehrmals zu seinen Jüngern gesagt, daß er gekreuzigt und daß er auferstehen werde, aber sie haben weder seine Kreuzigung begreifen wollen, noch seine Auferstehung. Vom Kreuz hielten sie sich außer Johannes alle fern, der aus Pflicht und Liebe dablieb. Warum blieben sie weg? »Verflucht ist der, der am Holze hängt« (5. Mose 21,23). Das heilige Gesetz sprach anscheinend eine Verfluchung über Jesus aus, deswegen kamen sie nicht in die Nähe. Es geschah, was in Sacharja 13,1 (s.a. Joh. 16,32) steht: »Zerstreut werdet, ein jeglicher in das Seine, und mich allein laßt.« Es ist eine Erfüllung eines prophetischen Wortes. Sie begreifen nicht, daß Jesus erhöht werden muß durch die Kreuzigung. Sie wollten Jesaja 53 und Psalm 22 nicht wahrhaben. Warum? Weil Zehntausende von Juden gekreuzigt worden sind zur Zeit Jesu. Überall im Land standen Kreuze. Und nun wurde Jesus gekreuzigt, war also verflucht von Gottes heiligem Gesetz, und auf die Auferstehung waren sie überhaupt nicht vorbereitet. In der Bergpredigt hatte Jesus gezeigt, daß kein Mensch Gottes Gesetz erfüllen kann. Die Bergpredigt spitzt sich zu mit dem Satz: »Ihr sollt vollkommen wie Gott sein.« Das ist, was Gott von uns haben will. Nur Jesus erfüllte das, daß er anstelle des Gesetzes steht und die Verfluchung des unerfüllbaren Gesetzes auf sich nimmt. Die Juden haben das alles nicht verstanden, weder sein Kreuz noch seine Auferstehung. Sie tappten hier wie Maria Magdalena total im Dunkeln.

Wir gehen zu Vers 11. »Maria aber stand vor dem Grabe und weinte draußen.« Warum weinte sie? Sie weinte, weil ihr alles, was sie hatte, genommen war. Maria hat nur eines in dieser Welt, das ist Jesus. Jesus hat sie geheilt. Sie klammert sich an ihn, weil sie merkt: ohne ihn bin ich dem Satan ausgeliefert. Und jetzt ist Jesus tot. Darum weinte sie. Sie hatte ihr ganzes Leben Christus als Dank geweiht. Wenn jemand stirbt, muß man als Klageweib weinen. Auch die Türken halten es heute so. Ich kenne eine Frau, die beim Roten Kreuz arbeitet. Wenn jemand unter den Türken stirbt, weinen alle Frauen. Zu Jesu Zeiten gab es Klageweiber, beim Jüngling zu Nain und bei Jairus' Tochter. Dieses Weinen ist gewiß oft einfach eine Form. Maria weinte, weil die Trauer in die letzte Tiefe ihrer Person ging. Sie hat alles verloren. Sie steht draußen vor dem Grab. Sie hat die Schlüssel zur Tür des Verständnisses der Auferstehung noch nicht. So, wie es finster ist und das Licht noch nicht mit Klarheit hereinbricht, so steht sie draußen vor der Tür und weiß immer noch nicht, was da geschehen ist. Alle diese Beschreibungen sind nicht nur Aussagen, sie sind Tatsachen. Und gleichzeitig deuten sie auf ein tieferes Geschehen. Sie steht draußen vor dem Grab, das ist eine Tatsache. Gleichzeitig steht sie vor der unfaßlichen, überwältigenden Wahrheit, die je ein Mensch erlebt hat, daß Jesus auferstanden ist von dem Tod und eine neue Welt angefangen hat. Es ist alles voller Spannung. Dann schaute sie! Sie schaute in das Grab, und sie erblickt zwei Engel in weißen Kleidern dasitzen, einen zu Häupten, den anderen zu den Füßen, wo sie den Leichnam Jesu hingelegt hatten. Mit der Neugier einer Frau schaute sie genauer hin. Zwei Engel. Warum zwei? Weil sie zwei Zeugen braucht. Und warum Engel, nicht Menschen? Die Auferstehung ist ein himmlisches Ereignis, ein überirdisches, und deswegen braucht man himmlische Zeugen. Für das Kreuz braucht es menschliche Zeugen, für die Auferstehung himmlische. Das ist sehr wichtig. Warum? Wenn das nicht von Belang wäre, würde es nicht dastehen. Alles, was in der Bibel steht, ist nicht Rhetorik, sondern hat Bedeutung. Einer beim Kopf und einer zu Füßen, es geht um das Ganze dieser Person, ist eine allumfassende Aussage über seinen Leib, über seine Persönlichkeit. Sie tragen weiße Kleider. Warum weiß? Weiß als Zeichen der Reinheit. Für mich ist es sehr schlimm, wenn ich bei Trauungen genau weiß, daß das Brautpaar vorher miteinander gelebt hat. Trotzdem trägt die Frau immer weiß, aus Tradition. Weiß hat ja mit Reinheit zu tun, das wissen wir. Wir werden weiß gewaschen, rein gewaschen durch sein Kreuzesblut. Die Engel leben ohne Schuld, und deswegen tragen sie weiße Kleider. Wo spielt das Kleid zuerst eine zentrale Rolle in der Bibel? Bei Adam fängt es an. Bei Joseph ist es sehr wichtig. Er hat dieses Kleid als Zeichen der Erwählung bekommen. Die Propheten trugen ein Kleid, einen Mantel als Zeichen, daß sie auserwählt waren, vor Gott zu sprechen. Vier heidnische Knechte warfen das Los um Jesu Kleider, denn er war der Erwählte Israels. Jesus von Nazareth, König der Juden, bedeutet, er bleibt König der Juden; und vier heidnische Knechte werfen das Los, das heißt, das Kleid der Erwählung geht an die Heiden in alle Himmelsrichtungen.

Sie sieht zwei Engel in weißen Kleidern dasitzen, den einen zu den Häupten und den anderen zu den Füßen, wo sie den Leichnam Jesu hingelegt hatten. Die sprachen zu ihr: »Weib, was weinst du?« Sie antwortete: »Sie haben meinen Herrn weggenommen, ich weiß nicht, wo sie ihn hingelegt haben.« Und als sie das sagte, wandte sie sich zurück und sieht Jesus stehen und weiß nicht, daß es Jesus ist. Jesus spricht zu ihr: »Weib, was weinest du?« Eine Wiederholung — immer wenn sich in der Bibel etwas wiederholt, bedeutet das eine Steigerung und eine Untermalung dieses Geschehens. Die Frage: »Was weinst du?« ist eine Schlüsselfrage. Sie weint, so denkt sie, weil der Leichnam weggenommen ist. Sie weint auch, weil ihr damit alles genommen wurde, ihr Jesus Christus. Aber dieses Weinen wird in Freude verwandelt: »Die mit Tränen säen, werden mit Freuden ernten.« Dieser Satz hat eine vielschichtige Bedeutung: von der Bibel an (Psalm 126) über Ausschwitz bis zur Rückkehr der Juden nach Israel. Er gilt auch für Maria. *Sie mußte in die letzte Tiefe, bis die Traurigkeit in Freude verwandelt wurde.* So muß Paulus drei Tage blind bleiben. Warum drei? Er muß in das ganze Kreuzesleiden hineingezogen werden: 1. in die Dunkelheit der Sünde, daß ihm bewußt wurde, 2. ich habe gegen Gott gekämpft, und 3. ich bin ein Mörder Stephanus gegenüber. Er wurde in die letzte Tiefe der Schuld und Sünde geführt. »Die mit Tränen säen, werden mit Freuden ernten.« Ich erlebte das in der letzten Zeit. Ich betreute viele sterbende Menschen in unserer Gemeinde. Ich habe als Pfarrer sehr viele sterbende Menschen auf ihrem letzten Weg begleitet. Manche waren, Gott sei Dank, gläubige Menschen. Ich spürte, wie manche nicht mehr an dieser Welt hingen. Sie freuten sich auf Gottes Reich und die neue Welt. So ging es mit Christus. Er hat für uns die letzte Tiefe durchlitten und damit den Weg geöffnet für seine Auferstehung. Er hat unsere Leiden und unsere Verzweiflung auf sich genommen. So geht Maria jetzt in die letzte Tiefe des Verlustes, um die wahre Perle, die wahre Zukunft zu finden und das endgültige Leben. Sie will wissen, wo er ist. Warum diese Betonung auf seinen Leichnam? Ohne Jesus hat sie keine Orientierung mehr. So braucht sie sogar seine Leiche, um den rechten Weg zu finden. Man sieht das heute bei manchen Leuten in der Gemeinde, die in guter Ehe lebten. Immer wieder suchen sie das Grab des verstorbenen Partners auf, um bei ihm zu sein, auch wenn er tot ist. So ist das bei Magdalena. *Sie hat in dieser Welt überhaupt keine Orientierung mehr ohne Jesus.*

»Und als sie das sagte, wandte sie sich zurück und sieht Jesus stehen und weiß nicht, daß es Jesus ist.« Warum weiß sie das nicht? Sie hat immer noch eine Binde vor den Augen wie alle Juden. Paulus sagt in Römer 11: »Blindheit ist Israel zum Teil widerfahren, so lange bis die Fülle der Heiden eingegangen ist.... Es wird kommen aus Zion der Erlöser, der da abwende das gottlose Wesen von Jakob.« Einzelne Juden werden schon jetzt aus dieser Dunkelheit herausgerufen. Gott sei Dank, ich gehöre dazu, mir ist die Binde von den Augen genommen worden. Für Maria Magdalena ist alles noch geheimnisvoll und verhüllt. Wie kommt sie über diese Grenze? Wie kommt sie aus der Finsternis ans Tageslicht? Wie kommt sie zum Verständnis, was diese zwei Zeugen wirklich bedeuten? Wie zu der letzten Tiefe des Leidens, wie zur letzten Kenntnis der Tiefe der Freuden? Es muß ihr das Licht aufgehen: Mein Herr ist Christus. Er ist auferstanden von dem Tod. Er hat meinen Tod besiegt, nicht nur den seinen. Das ist die Frage für alles, was hier passiert. Das ist viel spannender als ein Krimi. Ein Krimi führt zu großer äußerer Spannung. Unser Geschehen bringt uns über die letzte Tiefe zu größter innerer Spannung. Da zeigt sich Licht, erst klein, bescheiden, wie die aufgehende Sonne, dann immer größer, strahlender.

Spricht Jesus zu ihr: »Weib, was weinst du? Wen suchst du?« Sie meint, es sei der Gärtner. *Sie hatte recht, es war der Gärtner.* Ich habe das ausgelegt in Israel, da war ein Gärtner dabei, der hat gesagt: »Das habe ich nie gewußt, daß Jesus der Gärtner ist.« Ja, sicher, Jesus ist ein Gärtner, er befiehlt über zwei Gärten: ein Garten des Leidens, Gethsemane, welcher zum endgültigen Garten führt, dem Paradies. Sicherlich, Maria meint, er ist äußerlich ein Gärtner. Aber: Jesus ist der Gärtner im Garten Gethsemane, dem Garten der Todesangst und des Leids. Von dort führt der Weg über das Kreuz: »Heute wirst du mit mir im Paradies sein.« Merkwürdig ist, daß der größte aller Dichter, der auch ein Christ war, William Shakespeare, in seinem tiefsten poetischen Stück »Richard II.« das Bild des Gartens als Bild für das Königreich benutzt. Merkwürdig, aber biblisch. Er weiß, was er tut. Er sieht den König als jemand, der von Gott eingesetzt ist, und sieht die Verbindung vom irdischen zum endgültigen, ewigen Reich. Das ist zwar eine weltliche Verwandlung, läßt sich aber biblisch begründen. Nämlich: Jesus ist der Gärtner, er herrscht über das Leben, bis hin zum Paradies. *Der einzige Weg zu diesem Paradies geht über das schrecklichste Leid. Es ist das Merkmal aller dieser Texte, die wir behandeln. Nur wenn wir über den Gekreuzigten Bescheid wissen, können wir dem auferstandenen Jesus begegnen. Keiner kann den auferstandenen Jesus verstehen, der den Gekreuzigten nicht bis in die letzte Tiefe begriffen hat.* Das bedeutet: »Wer mir nachfolgen will, der nimmt sein Kreuz auf sich, der verleugnet sich und folgt mir nach.« Maria spürt dieses Kreuzes-Leiden. Sie hat alles verloren. Sie weint. Sie sucht. Sie ist total verloren in ihrer letzten Not. Jetzt kann sie dem auferstandenen Christus begegnen. *Nur wer mit Christus gekreuzigt ist, wird mit ihm auferstehen.* Alle diese Geschichten, die wir hier behandeln, haben mit diesem Thema zu tun. Der Weg zu dem auferstandenen Jesus geht allein über den gekreuzigten Jesus. Darum habt bitte kein Selbstmitleid, wenn ihr leidet. Die Jünger waren glücklich, wenn sie mit Christus leiden konnten. Von Petrus wird erzählt, als man ihn kreuzigen wollte, habe er gesagt: »Ich bin nicht würdig, gekreuzigt zu werden wie mein Herr!« Daraufhin habe man ihn mit dem Kopf nach unten gekreuzigt. Wer in der rechten Stellung des christlichen Glaubens steht, weiß, daß das Geheimnis dieses Glaubens nicht über die Auferstehung geht, sondern über das Kreuz. Wer mit Christus leidet, wird dieses Geheimnis der Auferstehung erfahren.

Ich muß betonen: man soll nicht Leiden suchen. Wir leiden, wenn wir wirklich als Christen offen und ehrlich sind, vor allem an uns selbst. Uns schmerzt unsere Schwachheit, unsere Unzulänglichkeit, daß wir das Bessere, wie Paulus in Römer 7 sagt, was wir vollbringen wollen, öfters nicht vollbringen. *Die letzte Tiefe des christlichen Leidens, seelsor-*

gerlich gesehen, erleide ich an mir selbst. Ich möchte besser sein, als ich bin. Ich bin es aber nicht. Ich habe zu leben in täglicher Buße, wie Luther sagt, nicht in täglicher Herrlichkeit. *Das ist der Prozeß der Heiligung. Den vollzieht Jesus in mir.* Dabei komme ich immer näher zu ihm. Nun merke ich, je mehr ich in sein Licht trete, wie dunkel es in mir aussieht. Das bedeutet für mich: leiden an mir selbst. Das muß jeder rechte Christ durchmachen. Auch Maria Magdalena mußte es. O, sie litt schrecklich.

Die Gemeinde Jesu war immer am stärksten, wenn sie verfolgt wurde. So ist es noch heute. In Deutschland werden wir heute nicht äußerlich verfolgt, aber innerlich. Wir leben in einer Welt, in der der Glaube nicht ernst genommen wird. Jeder von uns, der ein wahrer Christ ist, leidet. Wir leiden an uns selbst, wir leiden an der ungläubigen Welt, und in der Tat auch bei uns werden manche ihres Glaubens wegen lächerlich gemacht, ausgelacht.

Maria meint, es sei der Gärtner und spricht zu ihm: »Herr, hast du ihn weggetragen? So sage mir, wo hast du ihn hingelegt, so will ich ihn holen.« Eigenartig. Immer wieder geht Maria an der Grenze der Wirklichkeit vorbei. Sie steht draußen vor dem Grab, es ist noch finster. Hier sucht sie den Gekreuzigten, der doch auferstanden ist. Merkwürdig, wie lange es dauert, Schritt um Schritt, bis sie wirklich erfaßt hat, daß Jesus auferstanden ist. Interessant ist auch, daß die Betonung auf dem Satz: »Was weinst du?« liegt. Dieser Satz kommt in unserem Text dreimal vor.

Wie ging es mit Petrus am See Genezareth? Dreimal fragt Jesus ihn: »Hast du mich lieber als mich die anderen Jünger haben?«

Die Drei hat auch mit drei Tagen zu tun, der Dauer des Weges vom Kreuz bis zur Auferstehung. Paulus ist drei Tage blind. Maria versteht das alles aber nicht. Trotz dreifacher Wiederholung »Warum weinst du?« versteht sie nur ihren eigenen Verlust. Wissen Sie, wo die zentrale Stelle im Alten Testament steht, die Vordeutung dieser Drei in Beziehung auf das Kreuz und die Auferstehung? Es kommt gar nicht im Neuen Testament vor, nur im Alten. Mose sagt zu Pharao: »Laß uns ziehen, wir wollen drei Tage in die Wüste gehen, damit wir unserem Herrn opfern können.« »Wir wollen drei Tage weg von diesem Zeichen des Todes, dem Schilfmeer« (2. Mose 15, 22). Maria wird dreimal gefragt: »Warum weinst du?« Diese allumfassende biblische Bedeutung von Drei erreicht mit Kreuz und Auferstehung hier nochmals ihr Zentrum.

Jetzt kommen wir zu dem besonders wichtigen Text. In Vers 16 spricht Jesus zu ihr: »Maria!« Als ich über diesen Text das erste Mal predigte, war mir klar, daß der Schlüssel zu diesem Text in diesem einen Wort »Maria« liegt. Ja, ich weiß, Maria kommt von Mirjam. Aber welche neue Bedeutung hat es angenommen?

Ich sah nach, was eigentlich Maria bedeutet. Maria bedeutet: »Du Unsichere.« Das hat nichts mit Jesu Mutter zu tun, auch nichts mit Maria, Marthas Schwester, oder mit des Kleopas' Frau, das hat nur mit Maria Magdalena zu tun. »Du Unsichere«, weil das Wichtigste, was alles bis jetzt geschehen ist, herkommt von der Unsicherheit Marias. Sie weiß nicht, was sie tun soll. Sie steht draußen vor dem Grab, in der Dunkelheit. Sie klammert sich an den Gekreuzigten, obwohl er auferstanden ist. Sie ist ganz unsicher. Was ist, was soll geschehen? *Er nennt sie beim Namen.* »Fürchte dich nicht, ich habe dich erlöst, ich habe dich bei deinem Wesen (Name bedeutet in der Bibel Wesen) gerufen! Du bist mein.«

Er legt die Finger in ihre Wunde, wie Thomas die Finger in Jesu Wunde gelegt hat, und zeigt ihr deutlich, was los ist. »Maria, du weißt doch, daß ich gekreuzigt wurde und nun auferstanden bin. Das habe ich ja schon vorausgesagt. Nun bist du unsicher. Glaubst du meinen Worten nicht? Das ist Schuld.« In dem Moment, als Maria ihren Namen hört, weiß sie, um was es geht. Spricht Jesus zu ihr: »Du Unsichere, Maria«, da wendet sie sich um und spricht ihn auf hebräisch an: »Rabbuni«, das heißt »Meister«. Er trifft ihre Person durchs Wort, indem er ihr Wesen trifft, die Unsichere, und er erlöst sie. »Fürchte dich nicht, ich habe dich erlöst, ich habe dich bei deinem Namen gerufen, du bist mein.« Dieser Text ist mehrmals in der Bibel erfüllt, hier sehr deutlich. Sie hört seine Stimme, die Stimme des Schöpfers. Den Kolossern schreibt Paulus, es sei alles durch den Erstgeborenen, Jesus, geschaffen worden, das Sichtbare und das Unsichtbare, und Johannes beginnt sein Evangelium mit der Feststellung, alles sei durch Gottes Wort gemacht worden. Durch dieses Wort hat Jesus auch Maria neu gemacht, hat sie gereinigt von ihrer Schuld. Maria stand draußen vor dem Grab, im Dunkel der Wahrheit. Plötzlich weiß sie: Er ist auferstanden.

Nun fragen wir uns: *Wieso nennt sie ihn in ihrer Antwort nicht bei seinem göttlichen Titel.* Warum sagt sie nicht: Mein Gott, du mein Heiland, du Messias der Juden? Kein Wort davon, sie nennt ihn mit einem menschlichen Titel. Sie nennt ihn Rabbuni. Warum? Du Meister. Warum? Im ganzen Neuen Testament wird in bestimmten Zusammenhängen Jesus gegenüber der bestimmte Titel benutzt. Warum nennt sie ihn Rabbuni? Das ist kein göttlicher Titel. Sie hat gemerkt: das ist mein Lehrer, mein Meister, der mich gelehrt hat über wahres Leben, der mich geführt hat aus der Macht des Bösen und der mir jetzt meine Unsicherheit zeigt und wie es wirklich ist. Jesus ist ihr Lehrer. Sie sagt nicht: »Mein Herr und mein Gott« wie Thomas. Das hat einen ganz anderen Sinn und einen ganz anderen Zusammenhang. *Sie sagt: »Mein Lehrer, du hast mich belehrt über meine Unsicherheit, du hast mir meine Schuld gezeigt und mich herausgeholt.* Jetzt bist du mein Meister, der, der mir den Weg zeigt, Schritt für Schritt.« Der Meister in Israel ist der, der in der Thora den Weg des wahren Lebens zeigt. Und hier hat Jesus nicht nur gezeigt, wer er ist, sondern daß er der Auferstandene ist.

Eine Hauptaufgabe die jeder Pfarrer, jeder Diener Jesu hat, ist, daß die Gemeinde durch seine Arbeit vertieft wird in Gottes Wort. Geschieht das, so merkt man, daß das Wort das Leben selbst ist, daß Christus der Schöpfer und der erlösende Gott ist. In verschiedenen Handlungen Jesu im Neuen Testament wird deutlich, daß er auch der Schöpfer-Gott ist. Die Kraft des Wortes nimmt Maria die Binde von den Augen. Nun und darum nennt sie ihn ihren Meister.

Spricht Jesus zu ihr: »Rühre mich nicht an, denn ich bin noch nicht aufgefahren zum Vater.« Das ist ein schwer verständlicher Text. Ich nehme an, daß Jesus als Auferstandener sexuell nicht mehr versuchbar war. Als Mensch war er es gewiß auch, er lebte im Fleisch. Ich glaube nicht, daß das damit zu tun hat: bleibe weg von mir, wie Tizian das ins Visuelle umgesetzt hat. »Diese Maria war früher eine Dirne, sie darf mich nicht anrühren.« Ich glaube, der Grund war ein ganz anderer. Nur einer durfte Jesus als Auferstandenen anrühren: Thomas. Denn sein Problem war, er wollte nur glauben, wenn er berühren konnte. Das ist aber nicht Maria Magdalenas Problem. Ihr Problem ist, daß sie keinen Orientierungssinn mehr hat. Sie weiß sofort, daß das Jesus ist. Sie braucht keine physische Bestätigung dafür. In Israel hat alles eine geistige, seelische und auch körperliche Bedeutung. Als die siebzig Ältesten und Mose Gott auf dem Berg Sinai sahen, stellvertretend für Israel, wie einen Saphirteppich in Klarheit, wie endet dieser Text? (2. Mose 24, 9-11). Mit einer Aussage, über die ein Christ nur staunen kann. Er endet: »Und sie aßen und tranken.« Sie halten Tischgemeinschaft. Warum? Damit das in den Leib hineingeht, was sie geistig und seelisch erfahren haben. Hier aber in der Geschichte von Maria braucht das nicht mehr zu geschehen. Der einzige, der das braucht, ist der materialistische Thomas.

»Geh aber hin zu meinen Brüdern und sage ihnen, ich fahre auf zu meinem Vater und zu eurem Vater, zu meinem Gott und zu eurem Gott.« Merkwürdig ist, er verbindet seine Auferstehung mit »meinem Gott und mit eurem Gott«, immer zweimal unterstrichen. Das bedeutet auch: Was du bei mir erlebt hast, ist nicht nur für mich, das ist auch für dich, meinen Gott und euren Gott. Jesus ist die Erfüllung des Gottes Israels. Seine Aussage an sein Volk: »Durch dich werden gesegnet alle Völker auf Erden« bedeutet: dieses Geschehen bei mir, die Auferstehung, das ist ein Geschehen auch für dich, Maria. Ich bin nicht für mich auferstanden. Ich bin auferstanden aus der Kraft des Vaters! Das wird auch dir zugute kommen, sage das weiter, *berühre mich nicht, bleibe nicht stehen bei mir, sondern geh zu den Jüngern.* Auf der Stelle erhält sie einen missionarischen Auftrag. Laßt uns im Klaren sein. Wer wirklich glaubt, daß Jesus Gott ist, kann nicht schweigen, bei ihm stehen bleiben, ob er in Rußland lebt oder in einer modernistischen Gemeinde in Deutschland, er kann nicht schweigen. Er weiß, das ist mein Heiland und mein Retter, mein Meister, meine

Zukunft. Jesus fordert Maria auf: »Du sollst das sagen.« Das bedeutet, der erste Verkündiger der Auferstehung ist eine Frau, deren Aussage keine Gültigkeit in Israel hat. Ausgerechnet eine Frau! Wenn wir wissen wollen, welchen Stellenwert Jesus einer Frau (im Neuen Testament und weiterhin) gibt, hier ist es zu sehen. Auch in seinem Verhältnis zu Maria natürlich, seiner Mutter. Maria Magdalena aber ist die erste, der der Weg zur neuen Welt gezeigt wird, und der der Meister, der uns dahinbringt, begegnet. Sie ist die erste Verkündigerin, eine Frau, die bis heute keine Aussagekraft hat in Israel. Bis heute sagen die Rabbiner, wir akzeptieren die Aussage von Maria Magdalena nicht. Jesus gibt ihr diese besondere Rolle. Denn: Von all den Menschen, die Jesus begegneten, war keiner so tief gefallen, wie diese Maria Magdalena. Sie war eine Hure, total verdorben und verloren. Ist ihr noch zu helfen? Gilt ihr vielleicht wie dem Mörder am Kreuz, dem zweiten Schächer: »Heute wirst du mit mir im Paradies sein«, als er Buße tat und Jesus als Gott anerkannte? Hier ist es eine ganz und gar verdorbene Person, die diesen Weg zur absoluten Reinheit der neuen Schöpfung findet in Christus, und — es ist sogar eine Frau.

Maria Magdalena kommt und verkündigt den Jüngern: »Ich habe den Herrn gesehen, und solches hat er zu mir gesagt.«

Was bedeutet dieser Text für uns? Zielsetzung ist, daß wir lernen, die Bibel selbst neu zu lesen. Ich kann nur eines sagen: Es gibt kein Wort in der Bibel, das nicht dasteht aus einem ganz bestimmten Grund. Die Bibel besteht aus tiefen, vielschichtigen Wahrheiten. Immer wieder sieht man das neu: »Singet dem Herrn ein neues Lied.« Ich muß sagen, wer das immer wieder neu erlebt, wird es auch immer wieder neu bezeugen, denn er begegnet seinem gekreuzigten und auferstandenen Herrn. Dann erlebt er keinen Leerlauf in der Verkündigung. Immer wieder neu wird ihm das Wort durch den Heiligen Geist aufgehen, nur durch das Wort, wie Luther sagt. Das Wort erneuert mich. Es ruft mich bei meinem Namen, wie Maria bei ihrem Namen gerufen wurde, es ruft mich zur Rettung, zu einer neuen Begegnung mit meinem Meister, mit dem Gekreuzigten und Auferstandenen. Nur dann kann ich das Wort wirklich verkündigen. Nur dann kann ich von Christus in die Tiefe geführt werden, daß ich auch das richtige Wort zu meinem Nächsten sagen kann, so wie Christus das richtige Wort zu mir sagt. Es geht nicht nur um Verkündigung. Es gibt Leute, die ihr Leben lang predigten und niemanden überzeugten. Nur wenn ich mich durch das Wort habe in die Tiefe führen lassen, nur dann kann der andere durch meine Worte mit Gottes Wahrheiten wirksam getroffen werden.

Dies bedeutet zuerst für mich: Wenn wir mit Jesus leben, wird er uns den Weg zeigen und uns auf dem Weg halten. Maria hat das mit Jesus erlebt. Ich war zu gleicher Zeit mit vier Sterbenden beschäftigt. Ich sagte ihnen immer wieder: »Euren Kampf verliert ihr, aber Christus hat ihn für euch gewonnen.« Es ist sehr wohl möglich, daß man durch die schrecklichsten Leiden geht. Eine Frau, die sehr schlimme Metastasen hatte, sagte: »Die Schmerzen sind oft so schlimm, daß ich nicht einmal mehr an den Herrn Jesus denken kann, ich kann nur noch schreien.« Ich habe sie getröstet: »Trotzdem haben die Schmerzen dich nicht besiegt. Du hast mit Christus gelebt, und er weiß, wie es mit dir steht.« Nach solchen Schmerzen hat sie ihm gedankt, daß sie neue Kraft bekommen habe. Wer mit Christus in dieser Welt Tag um Tag lebt, wird erleben, daß Christus zu ihm stehen wird im Gericht. Wer nur so halbherzig mit ihm gelebt hat, darf nicht erwarten, daß Christus für ihn einstehen wird. Er wird nur einstehen für die, die wirklich mit ihm leben, auch in ihrem Todeskampf. Wir verlieren diesen Kampf, der Tod gewinnt. Wir haben keine Macht gegen die Sünde in uns selbst. Und der Tod ist der Sünde Sold. Manchmal gewinnen die Schmerzen Macht über uns, daß wir glauben, das nicht durchstehen zu können. Wir haben keine Macht mehr über uns, wir haben nur Schmerzen. Trotzdem kämpft Jesus für uns. Deswegen hat Jesus auch am Kreuz kein Betäubungsmittel genommen, keinen Wein, wie es jedem Gekreuzigten zustand. Jesus hat unvorstellbare Schmerzen getragen. Nun ist sein Sieg unser Sieg. Zu Marias und zu unser aller Trost sagt er: »Zu meinem Vater und zu eurem Vater gehe ich hin, Maria.«

»Meine Schafe hören meine Stimme, und ich gebe ihnen das ewige Leben.« Auch dieser Text paßt hierher. Wer auf

Gottes Wort hört, bei dem erfüllt er sich jeden Tag. Hat Maria darauf gehört? Bis Jesus sie beim Namen genannt hat, waren ihre Ohren verschlossen, sogar als sie ihn sah. »Meine Schafe hören meine Stimme, und ich gebe ihnen das ewige Leben.« Das ist genau das, was hier geschehen ist. Maria Magdalena ist ein Schaf. Jesu Schaf sein bedeutet wehrlos sein. Wir sind in der Tat wehrlos gegen Sünde, Teufel und Tod. Wie Maria seine Stimme hört: »Du Unsichere«, erkennt sie ihren Herrn. Er gibt ihr im Erkennen das ewige Leben, er hat es ja für sie gewonnen. Das ewige Leben! Einer Frau in ihrer merkwürdigen Rolle: Vollmacht zu Hause, keine Macht in der Synagoge, nichts zu sagen haben als Zeuge im Glauben. Und nun — das ewige Leben.

»Laß den Toten bei den Toten, komm und folge mir nach.« Auch dieser Text ist hier erfüllt. Hier geht es um Jesus. Maria sucht den toten Jesus. Sie findet nicht den Toten, sondern den auferstandenen Herrn, den, der den Tod, den Eckstein, die letzte Tiefe des Todes ergriffen und überwunden hat. Unsere Antwort kann nur heißen: »Du mein Meister, Rabbuni.« Das sagte auch Maria mit einem Wort: »Jesus ist mein Meister.« Das bedeutete: Das ist mein Weg im Leben. Wissen Sie, ich habe viele Jahre studiert, vierundzwanzig Semester, aber ich halte nichts davon. Die Wissenschaftler können die tiefsten und zentralsten Fragen nicht beantworten. In der Wissenschaft der Geschichte und auch der nicht bibeltreuen theologischen Wissenschaft ist die letzte Tiefe der Wahrheit nicht zu finden. Kann man mit menschlicher Vernunft Gott analysieren und in menschliche Kategorien einreihen? So viel höher der Himmel ist als die Erde, so viel höher sind Gottes Gedankenwege als unsere Gedankenwege. Darum habe ich zu meinem Professor nach meiner Doktorandenprüfung gesagt: »Dies wird nicht mein Weg sein. Hier ist die Wahrheit nicht.« Er konnte mir nicht sagen, was Leben ist. Er konnte mir nicht sagen, wer ich bin, auch nicht, was die Liebe ist, woher sie kommt. Er wußte auch nicht, welchen Sinn das Leiden hat, und wußte keinen Bescheid über den Tod. Ich wollte das wissen, genau wissen. Nur wenn ich das weiß, kann ich den Weg im und durch das Leben finden. Dann als Christus mich rief, fand ich *meinen Meister*. Um das geht es, um diese Aussage:

»Rabbuni.« Wer wirklich ein Jünger Jesu ist, hat seinen Meister in Christus gefunden durch seinen »Tröster, den Heiligen Geist«, allein durch diese Schrift, welche uns täglich führt. Jesus sagt: »Ich bin die Thora, ich bin der Weg, die Wahrheit und das Leben.« Das ist dasselbe, als wenn er sagt: »Ich bin die Thora.« Die Thora gilt für einen Juden als Wegweisung zum Leben, als die Wahrheit Gottes selbst und als der einzige Weg zum wahren Leben in die Zukunft. Deswegen sagt Jesus: »Ich bin die Thora, ich stehe anstelle der Thora für euch, ich bin der Weg, die Wahrheit und das Leben. Ich bin euer Meister. Lebt mit mir.« Und wir antworten, indem wir mit Maria Magdalena sagen: »Rabbuni, mein Meister.« Ohne diese Erkenntnis sind wir verloren.

Emmaus

Und siehe, zwei von ihnen gingen an demselben Tag in ein Dorf, das war von Jerusalem etwa zwei Wegstunden entfernt; dessen Name ist Emmaus. Und sie redeten miteinander von allen diesen Geschichten. Und es geschah, als sie so redeten und sich miteinander besprachen, da nahte sich Jesus selbst und ging mit ihnen. Aber ihre Augen wurden gehalten, daß sie ihn nicht erkannten.
Er sprach aber zu ihnen: Was sind das für Dinge, die ihr miteinander verhandelt unterwegs? Da blieben sie traurig stehen. Und der eine, mit Namen Kleopas, anwortete und sprach zu ihm: Bist du der einzige unter den Fremden in Jerusalem, der nicht weiß, was in diesen Tagen dort geschehen ist?
Und er sprach zu ihnen: Was denn? Sie aber sprachen zu ihm: Das mit Jesus von Nazareth, der ein Prophet war, mächtig in Taten und Worten vor Gott und allem Volk, wie ihn unsre Hohenpriester und Obersten zur Todesstrafe überantwortet und gekreuzigt haben. Wir aber hofften, er sei es, der Israel erlösen werde. Und über das alles ist heute der dritte Tag, daß dies geschehen ist. Auch haben uns erschreckt einige Frauen aus unserer Mitte, die sind früh bei dem Grab gewesen, haben seinen Leib nicht gefunden, kommen und sagen, sie haben eine Erscheinung von Engeln gesehen, die sagen, er lebe. Und einige von uns gingen hin zum Grab und fanden's so, wie die Frauen sagten; aber ihn sahen sie nicht.
Und er sprach zu ihnen: O ihr Toren und trägen Herzens, all dem zu glauben, was die Propheten geredet haben! Mußte nicht Christus dies erleiden und in seine Herrlichkeit eingehen? Und er fing an bei Mose und allen Propheten und legte ihnen aus, was in der ganzen Schrift von ihm gesagt war. Und sie kamen nahe an das Dorf, wo sie hingingen. Und er stellte sich, als wollte er weitergehen. Und sie nötigten ihn und sprachen: Bleibe bei uns; denn es will Abend werden, und der Tag hat sich geneigt. Und er ging hinein, bei ihnen zu bleiben.

Und es geschah, als er mit ihnen zu Tisch saß, nahm er das Brot, dankte, brach's und gab's ihnen. Da wurden ihre Augen geöffnet, und sie erkannten ihn. Und er verschwand vor ihnen. Und sie sprachen untereinander: Brannte nicht unser Herz in uns, als er mit uns redete auf dem Wege und uns die Schrift öffnete? Und sie standen auf zu derselben Stunde, kehrten zurück nach Jerusalem und fanden die Elf versammelt und die bei ihnen waren; die sprachen: Der Herr ist wahrhaftig auferstanden und Simon erschienen. Und sie erzählten ihnen, was auf dem Wege geschehen war und wie er von ihnen erkannt wurde, als er das Brot brach.
(Luk. 24,13-35)

»Und siehe zwei von ihnen gingen an demselben Tag in einen Ort, der lag von Jerusalem bei zwei Stunden Wegs, des Name heißt Emmaus.«

Man könnte diesen Abschnitt überschreiben mit dem Titel: »Auf dem Weg.« Alles was geschieht, bis man am Ziel ist, geschieht auf dem Weg. Wie bei Maria Magdalena, außerhalb der Wirklichkeit. Es ist dunkel, noch nicht Tag, sie steht vor dem Grab, sie weint über den Gekreuzigten, während Jesus auferstanden ist.

Die Emmausjünger wissen nicht, um was es geht, sie sind, auch im Erfassen des Geschehens, erst auf dem Wege. Warum wissen sie nichts? Weil sie Juden sind.
In den ersten drei Jahren waren nur Juden in unserer Kirche, »Nazarener-Juden«, die an Jesus glaubten. Auch sie hatten zuerst eine Binde vor den Augen, und jeder einzelne mußte diese Binde erst wegkriegen. *Sie sind auf dem Weg, auf dem Weg des wachsenden Verständnisses, auf dem Weg zum Ziel, und sie sind auf dem Weg mit Jesus Christus, ohne daß sie es merken, daß er da ist.*

Ist das nicht von vornherein eine sehr merkwürdige Sache? Jeder von uns, auch heute noch, geht auf dem Weg mit Jesus Christus, ob wir es merken oder nicht. Jesus ist immer nah bei uns, sogar im Totenreich kann ich mich verstecken, und er ist da. Jesus ist immer bei uns, bei jedem von uns, sogar bei jedem Nichtchristen. Die Frage ist, ob wir uns dessen bewußt sind. Nicht nur die Juden haben eine Binde vor den Augen, auch uns geht es nicht besser! Wir leben öfters, als ob Jesus nicht bei uns wäre. Die Emmausjünger sind mit ihren Gedanken auf ihrem Wege! Sie sinnen dem Geschehenen nach. Und Jesus Christus ist direkt neben ihnen. Er kennt die Wahrheit, er weiß das Ziel und die Erlösung. Das gilt nicht nur für diese Jünger, das ist wahr für jeden Menschen, ob Jude oder aus den Völkern. Es ist eine allgemeine seelsorgerliche Wahrheit: wir sind auf unserem Wege, Jesus ist mit uns, und er will uns eines bewußt machen, daß er mit uns geht und daß er uns führen will auf seinem schmalen Weg zu seinem Reich. Es kann lange dauern, bis wir merken, daß Jesus da ist und uns führt. Viele merken das überhaupt nicht.

Wie ist es mit Ihnen gewesen, warum tun Sie dies oder das, zum Beispiel, warum lesen Sie jetzt dieses Buch? Weil Jesus Sie auf seinen Weg führen will. Den Weg haben nicht Sie bestimmt. Erst langsam wurde es Ihnen bewußt: Ich gehe nicht allein. Der Weg, auf dem ich gehe, ist der Weg meines Heilands; er führt mich, und ich gehe mit ihm. Das ist die seelsorgerliche Tiefe dieses Textes. *»Ich bin der Weg«, sagt Jesus.*

»Und siehe, zwei von ihnen gingen an demselben Tag an einen Ort, der lag von Jerusalem bei zwei Stunden Wegs, des Name heißt: Emmaus. Und sie redeten miteinander von allen diesen Geschichten.« Von was für Geschichten? Wohl über das Kreuz, auch über die Berichte von Engeln, daß er möglicherweise auferstanden sei.

Diese Emmausjünger waren Jünger im breitesten Sinne des Wortes, sie gehören nicht zum inneren Kern, aber sie hängen an Jesus. Was hat er zu den Zwölfen gesagt, ständig gesagt, dreimal direkt zu seinen Jüngern: »Ich gehe nach Jerusalem, um gekreuzigt zu werden und am dritten Tage aufzuerstehen.« Niemand hat das verstanden. Sicher haben sie zugehört, sie haben Ohren gehabt, doch sie hörten nicht. Sie wollten nicht hören: »Das Ziel meines Weges ist zu leiden, gekreuzigt zu werden und aufzuerstehen.« Warum bereitete es ihnen Mühe, das zu erfassen? Warum? Weil in der Zeit Jesu in Israel Krieg herrschte. Zehntausend Freiheitskämpfer sind gestorben im Kampf gegen die Römer. Sie wollten Israel mit Gewalt den Weg bereiten für den Messias.

Das war nicht der Weg, den Jesus gehen wollte. Sie haben überall Gekreuzigte gesehen, doch das Kreuz als Weg zur Erlösung kam für sie nicht in Frage. Für sie war das Kreuz ein Zeichen der Schwachheit und der Niederlage. Und eine Auferstehung? Sicher gibt es in Psalmen die Behauptung, z. B. Psalm 49, 10.16, daß einer dem Tod nicht auf ewig übergeben werde. Aber bis heute erwartet Israel eine allgemeine Auferstehung von den Toten (Dan. 12), und das ist auch unsere Hoffnung.

Jesus erfüllt die Schrift, ist aber zugleich mehr als die Schrift. *Auf einer Seite erfüllt er sie, und gleichzeitig fängt er etwas total Neues an.* Über was reden die beiden Jünger? Sie sind enttäuscht. Er ist gekreuzigt. Er ist tot wie jeder andere, der seinen Weg gegen die Römer gegangen ist. Er ging einen anderen Weg als die sogenannten Freiheitskämpfer, aber er ist tot, es ist zu Ende, er ist erledigt. Doch sie sind verwirrt, denn sie haben von den Frauen Geschichten gehört, *unglaubliche Geschichten, vor allem über unser eigenes Selbstverständnis; so ist das der erste Schritt zum wahren Glauben.* Die Emmausjünger sind verwirrt. Sie wissen nicht, was sie glauben sollen. Sollen sie glauben, was die Frauen sagen? Es gibt alle möglichen Geschichten und Gerüchte. Jesus hat Dinge gesagt, und die passen zu dem, was die Frauen sagen, daß er auferstanden sei. Andererseits wissen die Jünger, daß er tot ist. Wie ist nun alles zugegangen? Was stimmt nun?

Die Jünger und ganz Israel haben gesehen, daß es aus ist mit ihm. Er ist am Kreuz. Es ist zu Ende mit ihm. Das ist ihre Auffassung. Jetzt hören sie Geschichten, eben — unglaubliche Geschichten —, und sie sind innerlich verunsichert. Das ist der Glaubensweg für jeden. *Kein Mensch kommt zum wahren Glauben an Jesus Christus, ohne innerlich verwirrt zu sein.* Es kann nur ein paar Sekunden dauern wie bei Paulus: »Wer bist du?«, als er vor Damaskus stand. Er war innerlich *verwirrt über seine Selbstsicherheit,* mit der er die Christen als Gotteslästerer verfolgte. Es geht bei Paulus nur eine sehr kurze Zeit, bis es ihm klar wird. Aber bei vielen von uns, die zum Glauben kommen, hat die Verwirrung längere Zeit gedauert.

Was bedeutet diese Verwirrung? Meine Art, die Welt zu

sehen, mein Selbstverständnis, die ganze Welt um mich her und der Glaube ist in Frage gestellt, wenn da einer kommt und behauptet: »Der ist der König der Juden, mein König und König der Welt, und er ist auferstanden von den Toten.« Das hat mich verwirrt, diese Botschaft, meine ganze Art, Dinge zu sehen — und doch: das ist der Weg zum wahren Glauben.

Was halten Sie von Menschen, die sagen: »Wir sind gute Christen. Zwar gehen wir nicht in die Kirche. Wir beten selten. Wir lesen nicht in der Bibel. Aber wir versuchen, so gut und gerecht zu leben, wie wir können?« Das ist die schlimmste Art von Pharisäertum, säkulares Pharisäertum, gar nicht wie die Pharisäer in Israel, die waren gläubige Menschen in ihrer Art. Was soll man tun mit diesen säkularen Pharisäern? *Sie müssen total verunsichert werden.* Das kann geschehen durch eine biblische Predigt. Die spricht auch über Verdammnis. Da hört man von einem ernsten Gott. Daß man nicht so an Gott vorbeileben kann und sagen: Ich lebe mein Leben, ich gehe auf meinen Wegen, und selbstverständlich *kommt Jesus mit, so, wie ich ihn haben will.*

Keine Rede! Es geht genau umgekehrt. Jesus geht seine Wege. Er ist nah bei uns und er will uns führen und wartet, bis wir bewußt in seine Nachfolge treten.

Dann fingen die Jünger an, weiterzureden. Sie müssen diese Verwirrung weitergeben. Was da geschieht, ist halbe Mission. Mission bedeutet, die Gewißheit über den gekreuzigten und auferstandenen Jesus weiterzusagen. Hier handelt es sich um eine Ungewißheit. Ist das Erzählte wirklich geschehen? *Sie stecken die anderen an mit der Ungewißheit ihrer eigenen jüdischen Sicht der Dinge.* Halb missionarisch, weil es der halbe Schritt auf dem Weg zum Glauben ist.

Erst muß unser klarer, selbstsicherer Weg in Frage gestellt werden; wir müssen innerlich verwirrt sein, bis wir die neue Welt bejahen können. Der Weg zu Jesus Christus ist ein halb missionarisches Miteinanderreden, weil die Ungewißheit ansteckt. Die Ungewißheit über die eigene Selbstsicherheit. *Unsere menschliche Selbstsicherheit muß getötet werden, damit wir die feste Gewißheit über Jesu Kreuz und*

Auferstehung, überhaupt ihre ganze Heilsbedeutung anzunehmen bereit werden. Wir müssen uns selbst in Frage stellen, sonst leben wir als Maßstab aller Dinge: Ich sehe es so, ich wünsche es so.

Lesen wir weiter in Vers 15: »Und es geschah, da sie so redeten und besprachen sich miteinander, da nahte sich Jesus selbst und ging mit ihnen.« Das ist ein Beweis dafür, daß Verwirrungen dieser Art der erste Schritt sind, zum Glauben zu kommen. *Gerade als sie verwirrt sind, verunsichert sind in ihrem alten Verständnis, gerade dann ist Jesus besonders nah.* Er kommt zu ihnen, aber sie kennen ihn nicht, weil sie eine Binde vor den Augen haben und weil sie noch nicht die Sicherheit haben in der Beurteilung der Bedeutung von Kreuz und Auferstehung. Um das geht es in diesem Text. Sie sollen sicher werden um Kreuz und Auferstehung. Es ist interessant, wie bei Maria Magdalena *der einzige Weg zu dem auferstandenen Jesus allein über das Kreuz geht.*

Bei den Emmausjüngern verläuft es auf eine ganz andere Art. Sie müssen lernen, was Kreuz bedeutet, bis sie verstehen können, daß Jesus auferstanden ist. Ist das nicht bei jedem so? Kennen wir einen Menschen, der zum Glauben an den Auferstandenen gekommen ist, ohne innerlich gekreuzigt worden zu sein? Mußte nicht ein jeder seine Selbstsicherheit, seinen Stolz, seine Lebensauffassung drangeben? *Keiner kommt auf direktem Weg zu dem auferstandenen Christus, wir gelangen alle nur hin über das Kreuz.* Das ist ein Grund, warum Luther sagte: »Bußpredigt ist wahre Predigt.« Die Bußpredigt bezeugt, daß wir Jesus gekreuzigt haben, daß wir an ihm schuldig sind. Nur wenn wir wissen, daß sein Kreuz nicht nur *ein* historisches Ereignis ist, sondern *mein* historisches Ereignis, nur dann ist der Weg offen zum Verständnis der Auferstehung. So ist diese ganze Geschichte zu verstehen.

Die beiden Jünger sind auf dem Weg zu einem neuen Verständnis der Wirklichkeit. Die geht nur über den gekreuzigten Herrn. Dann können sie den Auferstandenen sehen.

Schauen wir weiter. Es ist eigentlich ein unheimlicher Gedanke, daß Jesus plötzlich zu den Jüngern tritt und weiter mit ihnen geht, und sie wissen nicht, daß er da ist. »Aber ihre Augen wurden gehalten« (Röm. 11), sie haben eine Binde vor den Augen. Warum ausgerechnet eine Binde vor den Augen? »Der Prophet« heißt unter anderm in der Bibel »der Seher«. Sie haben Augen und sehen doch nicht. Hier geht es nicht um fleischliches Sehen, sondern um geistliches. Sie können ihn als den Auferstandenen nicht erkennen, weil sie den Heiligen Geist nicht empfangen haben. Sie sehen ihn, und sie kennen ihn doch nicht. Das wird auch Petrus und den anderen Jüngern passieren am See Genezareth, nachdem sie dem Auferstandenen schon mehrmals begegnet sind. Sie gehen fischen und merken nicht, daß Jesus da ist, weil sie zurück zu ihrem alten Leben gehen und nicht damit rechnen, daß Jesus da ist. Sogar bei Menschen, die den auferstandenen Jesus mehrmals erlebt haben, kann das geschehen. Da steht Jesus, und wir kennen ihn nicht. Wir haben eine Binde vor unseren Augen, auch wenn wir Jünger Jesu sind. Wenn das bei Petrus passiert, kann es bei jedem von uns passieren, obwohl er uns immer neu ins Bewußtsein ruft: »Ich bin für dich gekreuzigt, ich bin der auferstandene und lebendige Herr.«

»Aber ihre Augen wurden gehalten, daß sie ihn nicht erkannten. Er sprach aber zu ihnen: Was sind das für Reden, die ihr zwischen euch handelt unterwegs?«

Fragt er es, weil er es nicht weiß? O nein! Jesus weiß genau, was sie reden. *Das ist seine seelsorgerliche Art. Er will, daß sie die Verwirrung, in der sie befangen sind, erkennen. Dann kann er zeigen, was Wahrheit ist.*

Ich habe in meiner ersten Gemeinde eine Frau besucht, die war 40 Jahre alt, und man vermutete bei ihr Brustkrebs, eine unheimliche Krankheit. Man mußte einen Teil ihrer Brust entfernen, um festzustellen, ob es tatsächlich Krebs sei. Sie lebte in tiefster Verwirrung und Ungewißheit, wie die Emmausjünger. Als ich sie im Krankenhaus besuchte, betete ich: »Herr, meine gutgemeinten christlichen Wörter helfen niemand, nur wenn du für mich sprichst, kann ich ihr helfen. Herr, laß mich nichts sein, daß dein Wort lebendig wird durch mich, daß *ich* nicht vernünftig denke, seelsorgerlich denke, das ist nichts, *sondern rede du für mich.«*

Ich kam in ihr Zimmer. Da herrschte die gleiche Art von Ungewißheit wie bei den Emmausjüngern. Ich betete still für mich: Herr, gib mir die rechten Worte. Leite mich, daß ich die Ungewißheit der Kranken klären kann. »Über was redet ihr, was für Geschichten sind das?«, fragte Jesus die Jünger. Und ich fragte sie: »Wovor haben Sie Angst?« Ich wußte sehr genau, wovor sie Angst hatte. Sie sah mich an. Das war, menschlich gesehen, die dümmste Frage, eine Kranke, die bei sich Brustkrebs vermutet, zu fragen, wovor sie Angst hätte. Aber so hat mich Jesus geleitet zu fragen, daß sie sich bewußt wurde über diese Ungewißheit und Verwirrung in sich selbst. Und sie fing an zu erzählen: »Ich habe Angst, daß ich sterben muß. Ich habe Angst, daß ich leiden muß wegen der Metastasen. Ich habe noch junge Kinder.« Und sie fing an zu schwitzen vor lauter Angst und Unsicherheit. Es ist keine Seelsorge, wenn man sagt: »Es ist bestimmt nicht Krebs, und alles wird wieder in Ordnung kommen.« Nein, ich habe sehr genau betont, was es sein könnte. Und plötzlich habe ich gesagt: »Jetzt schauen wir auf den gekreuzigten Jesus, und wir denken an seine Angst und an sein Verlassenwerden und seine Verzweiflung und an seine Schmerzen.« Man sah ihr an, sie dachte ganz an ihn. Weiter sagte ich: »Geben Sie ihm alles, Ihre ganze Angst, Ihre ganze Not.« In dem Moment, als ich das sagte, war es, als ob das ganze schwere Gewicht von mir selbst genommen wäre, als ob mich Licht durchstrahlt hätte, als ob alles Dunkle in meinem Inneren plötzlich hell würde. Da sah mich die Frau an und sagte: »Ich habe keine Angst mehr. Ich habe Gott erlebt, Jesus ist bei mir. Ob ich leiden und sterben muß, ich gehöre ihm, er ist bei mir.« So stark war ihr Erlebnis, daß ich das selbst gespürt habe. Das waren Jesu Seelsorgewege hier. Er sagt nicht: »Ach, das sind Geschichten« und zu den Leidenden: »O, es wird bestimmt bald besser sein.« Es hilft niemand, sie halb anzulügen und menschlich nett zu sein. Jesus ist kein solcher Seelsorger, *er redet Wahrheit und Klarheit aus der tiefsten Liebe.* Das ist Liebe in Beziehung auf des Kranken Heil. Das ist sein Weg hier: die wahre Seelsorge, die die Wahrheit sagt. Im Gespräch mit seinen Jüngern tritt diese Wahrheitsliebe immer wieder hervor.

»Er aber sprach zu ihnen: Was sind das für Reden, die ihr zwischen euch handelt unterwegs?« Ist es nicht auch so im Bittgebet? Jesus weiß im voraus alles, was wir ihm sagen wollen. Warum will er es dann auch noch von uns hören?

Es geht genau um das gleiche. *Er will, daß wir ihm felsenfest vertrauen.* »Da blieben sie traurig stehen.« Warum blieben sie traurig stehen? Es hat, wie so vieles in der Bibel, eine physische Bedeutung und eine geistige. Warum also? Weil sie selber nicht weiterwußten. Sie hatten keine Antwort in dieser verwirrenden Geschichte. Jesus ist tot. Es ist aus. Sie bleiben traurig stehen.

Das geschieht stellvertretend für jeden von uns. Wie oft sind wir in einer schwierigen Lage und versuchen, das selbst zu erklären, selbst zu bewältigen und letzten Endes kommen wir nicht weiter. Da gilt für uns auch: »Sie blieben traurig stehen«, wir kommen nicht weiter. Ohne Jesus geht's nicht mehr.

»Und der eine, mit Namen Kleopas, antwortete und sprach zu ihm: Bist du allein unter den Fremdlingen zu Jerusalem, der nicht wisse, was in diesen Tagen darin geschehen ist.« Das ist Ironie und paradox. Er ist der einzige, der weiß, was passiert ist, und da sagt dieser Mann: »Du bist der einzige, der nicht drauskommt.« Man schmunzelt über so einen Satz. Aber man schmunzelt über sich. Mit wieviel erhabenem Stolz beurteilen wir manche Ereignisse und bringen das in unsere politischen und sozialen Kategorien hinein, wenn wir, was dahintersteht, nicht verstehen, weil es aus Gottes Hand kommt. Sehr lustig ist das, aber nur äußerlich. Man redet zu und von Jesus, als ob er der einzige wäre, der nicht versteht, was geschehen ist. Jesus ist gekreuzigt. Warum? Dabei ist Jesus in Wirklichkeit der einzige, der versteht, was uns dieses Kreuz bedeutet.

Das ist unsere Überheblichkeit und »Gewißheit«. Wir wissen von dem Gekreuzigten und haben große Erwartungen, und »du bist der einzige, der nicht weiß«. So ungefähr meinen wir es. »Du kommst aus dem Hinterland und verstehst gar nicht, was los ist, hier sind wir in Jerusalem in der Hauptstadt Israels, im Mittelpunkt der Welt.« Doch er ist der einzige, der es versteht.

So ging es im Dritten Reich, als die meisten Hitler zujubelten, alle verwirrt und nicht mehr auf dem Boden der Wirklichkeit. So geht es in Rußland mit dem Kommunismus heute. So geht es bei allen diesen Massenbewegungen. Jeder macht mit. »Wer bist du, daß du nichts weißt und mitmachst?«

Und nur dieser eine versteht, der, der immer angeklagt wird. »Ach, dieser Jesus«, hat man im Dritten Reich gesagt, »das ist kein Kämpfer, kein richtiger Held, kein Germane.«

So ist es mit dem Kommunismus. Dieser Jesus! Man macht eine Geschichte mit ihm, als ob das Gott wäre. Als ob es überhaupt einen Gott gäbe... Und er ist der einzige, der alles versteht und der uns lehren könnte.

»Bist du allein unter den Fremdlingen zu Jerusalem?« Jesus hat bestimmt in seinem galiläischen Dialekt gesprochen, deswegen galt er als Fremdling. Er kam aus Galiläa, was sollte er wissen! Sie mußten es ihm erklären, denn sie waren Jerusalemer, sie wußten Bescheid. Ein guter Seelsorger hält mit seiner Meinung zurück. Er will, daß die andern zuerst etwas sagen. Er drängt sich selbst nicht auf, er wartet, wenn möglich, bis die Menschen zu ihm kommen und reden.

Vor zwei Jahren kam in meiner Gemeinde ein Mann zu mir und sagte: »Herr Pfarrer, ich will, daß es niemand weiß, daß ich hier war, und erwarten Sie niemals, daß ich in die Kirche komme. Ich habe mit Jesus und der Kirche nichts im Sinn, aber meine Frau hat Krebs, und ich habe Angst und will, daß Sie für mich und sie beten.« Er kam also zu mir heimlich, bei Nacht, wie seinerzeit Nikodemus zu Jesus; er wollte nicht gesehen werden, und er wollte, daß ich bete, obwohl er nicht an Jesus glaubt. Er will nichts mit Jesus zu tun haben, trotzdem sollte ich für ihn beten. Er kam mehrmals zu mir. Ich hoffe, daß er den Weg zum Glauben finden wird, das wäre ja das Wichtigste. Seither bete ich für ihn, aber ich muß warten und geduldig sein. Ich bin von Natur aus kein geduldiger Mensch; ein Seelsorger muß aber viel Geduld haben.

»Und Jesus sprach zu ihnen: 'Was denn?'«, als ob er es nicht wüßte. *Er will, daß die Leute sich deutlich ausdrücken.* »Sie aber sprachen zu ihm: 'Das von Jesus von Nazareth, welcher war ein Prophet.'« Das war ein unerhörter Ausdruck für einen Juden in jener Zeit. Die Prophetie war doch zu Ende, wie sollte Jesus ein Prophet sein? Die Prophetie hat aufgehört im 4. Jahrhundert v. Chr. Man weiß, daß es keine Propheten mehr gab im Alten Bund. Johannes der Täufer ist ein Prophet für den Neuen Bund, und die Vollendung des Alten Bundes — die Prophetie — ist zu Ende.

Es machten viele diesen Fehler, die — außer den Pharisäern und den Schriftgelehrten, die es genau wußten, daß es keinen Propheten mehr gibt — folgerten: Entweder ist Jesus Gott oder ein Gotteslästerer, dazwischen gibt es nichts.

Und er sprach zu ihnen: »Was denn?«, sie aber sprachen zu ihm: »Das von Jesus von Nazareth, welcher war ein Prophet, mächtig von Taten und Worten vor Gott und allem Volk.«

Sie bemerkten prophetische Mächte in ihm, auch wenn es keine Propheten mehr gibt. Die Juden sagten sich: »Alles ist möglich bei Gott, vielleicht tritt wieder ein Prophet auf, auch wenn wir geglaubt haben, daß es keine mehr gibt.«

»Wie ihn unsere Hohepriester und Obersten überantwortet haben zur Verdammnis des Todes und gekreuzigt.« *Warum Verdammnis?* 5. Mose 21, 23: »Verflucht ist der, der am Holze hängt.« Das bedeutet, das heilige Gesetz hat das Verdammungsurteil Gottes über diesen Mann ausgesprochen, von dem wir glaubten, daß er ein Prophet sei. Hier geht es nicht um einen normalen Tod, hier geht es um den Tod eines Menschen, der von Gottes heiligem Gesetz zum Tode verurteilt ist. Das heilige Gesetz hat das letzte Wort gesprochen über Jesus, er ist verdammt. Ein zentraler Text für Paulus im Galaterbrief zum Beispiel. Hier geht es nicht um etwas dazwischen. Entweder ist er ein Prophet, der ganz unzeitgemäß auftritt, weil es ja gar keinen mehr gibt, oder er ist nicht von Gott, sondern vom Satan, und er ist verdammt. Das Gesetz hat das letzte Wort ausgesprochen. Kein Mensch kann das Gesetz, geistlich ausgelegt von Jesus in der Bergpredigt, erfüllen, und deshalb erfüllt Jesus das Gesetz im Geist und im Fleisch für uns. Er übernimmt damit unsere Verfluchung vom Gesetz für uns. Das Gesetz ist in Israel die Wegweisung zum ewigen Leben. Jesus Christus ist mit seinen ausgestreckten Händen am Kreuz die Wegweisung zum ewigen Leben für uns.

»Wir aber hofften, er sei es, der Israel erlösen würde.« Spüren Sie hier die Verwirrung? Auf einer Seite steht, er sei ein Prophet, auf der zweiten, er ist verdammt und auf der dritten, er könnte vielleicht der Messias sein.

Ein Prophet kann Israel nie erlösen. Das gab es nie. Man sieht eine starke innerliche Verwirrung über diesen drei Aussagen: ein Prophet, ein vom Gesetz Verdammter und der Erlöser, auf den wir immer gewartet haben.

»Wir aber hofften, er sei es, der Israel erlösen würde. Und über das alles ist heute der dritte Tag, daß solches geschehen ist.« Das bedeutet: es ist gesiegelt. Er ist den Toten gegeben, entweder als Prophet, als Verdammter oder als vermutlicher Erlöser.

Warum hat Israel Jesus nicht angenommen? Warum haben ihn die Hohenpriester zum Tod übergeben? Nicht weil sie böse waren, das ist kindisches Denken. Sie waren sehr kluge und sehr gläubige Menschen in ihrer Art und Weise. Warum haben sie es dann getan? Weil nach prophetischer Aussage eine Aufgabe des Erlösers Israels unter anderem die war, daß er Israel den Frieden bringen werde, daß die Völkerwelt nach Jesaja, Kapitel 2, hinpilgern werde nach Jerusalem zu dem Gott Israels und daß das messianische Reich (Jes. 11) anbrechen werde. Jesus hat sich aber geweigert, das Volk von den Römern zu befreien. Er war also nicht der Messias, gestand es sich zähneknirschend ein. Nun hing Jesus da am Kreuz. — Das war ihr Verständnis. Es war nicht böser Wille, aber es war falsch.

Jesus wird wiederkommen und dann werden die Schriftgelehrten und Pharisäer ihn annehmen. Jesus kam, den letzten Feind zu zerstören, und das sind nicht die Römer oder die Russen oder was man will, das sind wir selbst, wir sind unser größter Feind. Die Sünde, die Schuld, der Satan lebt in uns selbst, und das wollte und will keiner sehen, weil wir alle selbstgerecht sind. Jesus soll für mich da sein, er soll tun, was ich haben will, er ist für mich da. Wie viele Christen denken so: Jesus, gib mir, was ich will, und ich glaube an dich! Das ist gerade das, was die Schriftgelehrten und Pharisäer auch dachten. Es gibt aber vor allem zwei Stellen in der Bibel, die über einen anderen Jesus berichten, Psalm 22 und Jesaja 53.

Gott hat die Hohenpriester und Schriftgelehrten verstockt, hat ihnen eine Binde vor die Augen gelegt, damit der Glaube an Jesus Christus zu allen Völkern der Erde gehen könne. »Durch dich werden gesegnet alle Völker auf Erden.«

Wenn die Juden Jesus angenommen hätten zu Jesu Zeit, wäre das nicht geschehen. Was sie wollten, war eine Befreiung von den Römern, und sie wollten einen Messias *für sich* in dieser Zeit. Jesus weiß sehr genau, wann er kommt und wozu er kommt und was er bewirken will. Er hat Israel die Binde fest vor die Augen gelegt, daß er von seinem eigenen Volk gekreuzigt wurde. Doch auch Pilatus ist mitschuldig, stellvertretend für die Heiden. Auch sie, alle, tragen Schuld, sehr große Schuld. Israel hat nie gewußt, daß der Messias zweimal kommen werde. Es gibt keine Stelle im Alten Testament, die davon spricht. Deswegen sagt Jesus: »Vergib ihnen, denn sie wissen nicht, was sie tun.«

Eines, denken sie, hat er nicht erfüllt, was in der Schrift verheißen ist, den Völkerfrieden. Der Völkerfriede kommt nicht durch die Friedensbewegung, er kommt allein durch Jesus Christus (Offb. 19). Und zwar — mit dem Schwert. Er kommt mit Macht und Kraft als der allmächtige Gott, die Welt zu richten, Israel zu taufen mit dem Geist der Gnade und des Gebets (Sach. 12, 10) und zu erlösen. Doch vorher wird die Gemeinde Jesu zu ihm entrückt werden (1. Thess. 4).

»...wie ihn unsere Hohenpriester und Obersten überantwortet haben zur Verdammnis des Todes und gekreuzigt. Wir aber hofften, er sei es, der Israel erlösen würde. Und über alles ist heute der dritte Tag, daß alles geschehen ist. Auch haben uns erschreckt etliche Frauen, die sind früh bei dem Grab gewesen und haben seinen Leib nicht gefunden, kommen und sagen, sie haben eine Erscheinung von Engeln gesehen, welche sagen, er lebe.« Das sind nicht nur jene Frauen, sondern auch Frauen aus der Mitte der Jünger. Als Frauen soll man ihrer Aussage nicht trauen, haben sie damals geglaubt, aber sie sind aus unserer Mitte, deshalb sollten wir ihnen vertrauen. Nochmals eine totale Verwirrung. Was sollen wir denn glauben? War Jesus ein Prophet, war er ein Verdammter des Satans, war er der, der uns erlösen sollte? Haben die Frauen recht? Weil sie aus unserer Mitte kommen, wollen wir ihnen glauben. Diese totale Verwirrung herrscht auf dem Weg jedes gläubigen Christen, bevor er zu seinem Heiland kommt. Die Erkenntnis bedrückt ihn, ich kann mit meinen eigenen Problemen nicht weiterkommen und mit meinen inneren Verwirrungen, ich brauche eine Antwort, ich weiß nicht, wie es mit mir weitergeht. Gerade diese Menschen, die stehenbleiben in ihrer Traurigkeit, das sind diejenigen, die wir ansprechen können mit unserer Botschaft — wenn wir den Mut haben, die wahre Botschaft zu sagen. Nicht mit klugen, menschlichen Aussagen, sondern mit klaren, biblisch begründeten Feststellungen können wir dem andern deutlich zeigen: es gibt nur *einen* Weg vorwärts zum wahren Verständnis und zur Bewältigung unserer Probleme, der Weg mit Jesus Christus.

Was ist mit unserer Umwelt? Dieses aktuelle Problem, welches heute so viel Verwirrung stiftet. Warum haben wir dieses Baumsterben? Weil es die Schuld und den Schmutz in uns spiegelt. Unsere Welt ist uns gegeben, wir sollen über sie herrschen, wie Gott über uns herrscht, mit Liebe, im Bewußtsein unseres Auftrages. Tun wir das im Umgang mit den Tieren, mit unserer Natur? Die Welt um uns ist verschmutzt, weil wir schmutzig sind. Der einzige Weg zur Rettung ist Buße, mit einer Änderung in uns selbst, nicht mit unserer Auffassung von der Natur, sondern mit unseren Ansichten von Gott und Jesus Christus.

Wie viele Menschen ergehen sich in der Natur, um zu ihrem Gott zu beten. Mit dieser Einstellung machen sie sich »die Natur« zum Götzen. »Ich brauche am Sonntag nicht in die Kirche zu gehen, Herr Pfarrer, ich gehe in die Natur, in den Wald.« Das ist das, was diesen Wald verschmutzt. Der Wald ist zum Götzen geworden. Der Herr zerstört die Götzen. Weil wir innerlich schmutzig sind, ist unser ganzes Lebenselement verschmutzt. Wir leben am Ende der Tage. Wir werden dieses Problem nicht beseitigen. Was wir tun können und sollen ist, uns zu beugen in wahrer Buße und eine neue Beziehung zum Herrn zu finden, der nicht nur in der Natur, sondern vor allem in dem gekreuzigten Jesus angeboten wird. Dann können wir praktisch und physisch dieses Problem anpacken. Das ist der einzige Weg, auf dem etwas erreicht werden kann.

Sonst wird plötzlich etwas Neues ausbrechen, ein neues Übel, das noch viel größer ist als das vermeintlich Besiegte. So ist es, wenn Menschen, die nicht erlöst sind, ihre Probleme anpacken. So war es mit diesen Jüngern. Sie kommen nicht weiter, weil sie noch nicht zu ihrem Heiland gekommen sind.

»Und etliche von ihnen gingen hin zum Grab, und fanden's so, wie die Frauen sagten, aber ihn sahen sie nicht.« Wir gehen einen Schritt weiter. Etliche von ihnen, sogar Männer, gehen hin, sehen ihn aber nicht. Wir müssen ihn sehen. *Das ist die Ironie, sie sehen Jesus vor sich und erkennen ihn nicht.* Sie schauten ins Grab und sahen ihn nicht. Das will sagen: Wir wollen ihn sichtbar erleben, nur dann glauben wir. So war es bei dem verzweifelten Thomas. Aber die Jünger haben Jesus direkt vor sich und sehen ihn nicht. Sie haben Augen und sehen nichts, sie haben eine Binde vor ihren Augen. Ist es nicht so mit vielen, vielen Menschen um uns, wenn wir versuchen, in ihnen das Verständnis für Jesus zu wecken. Und Jesus ist da, wartet auf sie, aber sie erkennen ihn nicht, sie gehen ihrer Wege. *Das ist die Grundfrage dieses Textes: Auf welchem Weg stehen die Emmausjünger? Sehen und erkennen sie Jesus? Stecken sie noch in der Verwirrung drin, oder sind sie auf Jesu Weg? Doch, halbwegs sind sie mit Jesus gegangen, und es scheint, es werde immer mehr Jesu Weg sein. Erst die Verdeutlichung ihrer Verwirrung und dann die Klärung durch Gott selbst.*

»Und er sprach zu ihnen: O ihr Toren und trägen Herzens, zu glauben alledem, was die Propheten geredet haben.« Er redet gut, direkt, so soll man reden, so spricht Gott selbst. Er redet nicht wie leider viele Pfarrer heute so unklar, daß man, wenn man aus einer Predigt kommt, gar nicht weiß, was er gesprochen hat. Jesus redet klar und deutlich: »O ihr Toren und trägen Herzens.« So sollten wir predigen. Ein deutliches, klares Bußwort.

Jesus redet klipp und klar wie die wahren Propheten. Die haben deutlich und klar und scharf Gottes Wort verkündigt. Warum ist das in unseren Kirchen so wenig zu hören? Wie viele Pfarrer haben wir, die die sozialistische Mode, die grüne Mode, die feministische Mode, die Friedensmode als Ausweg suchen und wollen nicht die klare Wahrheit, die in der Schrift steht? Das ist doch ein wunderbarer Satz, eine wunderbare Bestätigung für die, die wirklich Jesus verkündigen wollen: »O ihr Toren und trägen Herzens, zu glauben alledem, was die Propheten geredet haben! Mußte nicht Christus solches leiden und zu seiner Herrlichkeit eingehen?« Das ist doch selbstverständlich, das ist der einzige

Weg: Er muß sterben, er muß gekreuzigt werden. »Und er fing an bei Mose und den Propheten und legte ihnen in der ganzen Schrift aus, was darin von ihm gesagt war.«

Wahrheit kommt allein durch die Schrift. Sie kommt nicht durch eine Modebewegung, nicht durch Zeitgeist, sie kommt von der Schrift, wie Luther sagt, als ganzes, durch die ganze Schrift.

Wie ist Jesus zu erkennen, daß er der gekreuzigte und auferstandene Herr Israels ist? Durch das Alte Testament. Kein Wort vom Neuen Testament, das bestand noch nicht. Sehr oft zitierte Jesus das Alte Testament. Jede Theologie, die das Alte Testament heruntersetzt — das gilt auch für die modernistische Bewegung —, verkennt Jesu eigene Aussagen über sich selbst.

Manche Menschen kaufen ein Neues Testament mit Psalmen. Es gibt sogar Christen, die glauben, daß die Psalmen im Neuen Testament stehen. Das Neue Testament mit Psalmen: das ist keine Bibel, man braucht *das ganze Wort Gottes.*

»Mußte nicht Christus solches leiden und zu seiner Herrlichkeit eingehen? Und er fing an bei Mose und allen Propheten und legte ihnen die ganze Schrift aus, was darin von ihm gesagt war.« Wir waren nicht dabei, aber wir können ungefähr wissen, was er gesagt hat. Aufgezählt werden Mose, Propheten, ganze Schriften, das bedeutet die Psalmen und andere Schriften. Wenn Jesus über das Kreuz redete, hat er bestimmt zwei Schriften in den Mittelpunkt gestellt, nämlich Jesaja 53 und Psalm 22. *Jesaja 53 ist die einzige Schrift in der ganzen Bibel (es gibt im Neuen Testament so etwas nicht), welche Jesu Kreuz beschreibt und zugleich verdeutlicht.* Es gibt in den Evangelien alle möglichen Beschreibungen: die Passion Jesu, sein Kreuz, und in den Episteln wird Kreuz ständig erklärt — es gibt aber keine einzige Stelle im Neuen Testament, welche in der letzten Tiefe beides zusammenbringt.

Psalm 22: Jesus hat den ganzen Psalm 22 am Kreuz gebetet, da habe ich keinen Zweifel. Ich kann Ihnen zwei Beweise dafür erbringen, daß Jesus den gesamten 22. Psalm am Kreuz gebetet hat, nicht nur »Mein Gott, mein Gott, warum hast du mich verlassen?«.

Professor Gese hat mit vollem Recht bewiesen, daß zu dieser Zeit, wenn ein Satz von einem Psalm da steht, er öfters stellvertretend für den ganzen Psalm gilt. Ich habe nie verstanden, warum am Kreuz diese Wende kommt: Erst diese Verzweiflung, diese Gottesferne, und dann plötzlich mit den letzten Worten diese Gewißheit: »Es ist vollbracht, ich befehle meinen Geist in deine Hände.«

Gerade Psalm 22, Vers 22 »Du hast mich erhört« soll wohl beachtet werden, weil es als zweiter Teil von Vers 22 in diesem Psalm eine Wende bringt. Erst die Zerknirschung am Kreuz und dann plötzlich »Du hast mich erhört«, und dann »Ich will deinen Namen kundtun meinen Brüdern, ich will dich in der Gemeinde rühmen«. Diese beiden Aussagen bedeuten die Wende von dem, was geschehen ist am Kreuz, als Jesus diesen Psalm betete. Warum Psalm 22, Vers 22? Weil 22 in Israel eine heilige Zahl ist.

Es gibt 22 Buchstaben im hebräischen Alphabet. Gott hat die Welt durch sein Wort erschaffen, und jeder Buchstabe hat eine tragende Kraft für die Schöpfung und damit auch in der Erlösung. Daß die Offenbarung als letztes Buch der Bibel 22 Kapitel hat, ist kein Zufall. Es ist alles in der ganzen Bibel geschrieben, was wahr ist, und es darf nichts weggenommen oder dazugebracht werden, sonst ist es nicht mehr vollständig.

In der Bibel wird Schritt für Schritt mehr und mehr von Jesus gezeigt, angefangen mit »Einer wird kommen, der Schlange den Kopf zu zertreten« (1. Mose 3, 15).

Die zweite Aussage steht in 1. Mose 12: »Durch dich (Abraham) werden gesegnet alle Völker auf Erden.« Das bedeutet, er wird aus dem auserwählten Volk Israel kommen. Drittens 1. Mose 49: »*Der Stamm Juda* trägt das Heil zu den Völkern, ist ihr Held.« In 2. Samuel 7 sagt Gott zu David: »Ich werde für dich ein Haus bauen, das ewig Bestand haben wird.« Das bedeutet, der Messias wird aus dem Hause und Geschlechte Davids kommen. Jede Aussage wird *immer konkreter.* Dann steht in Micha 5: »Er wird in Bethlehem geboren.« Vom Prophet Jesaja an wird es noch deutlicher: Jesaja 7, von einer Jungfrau! Jesaja 9, daß er die wahre Gerechtigkeit bringen wird! Jesaja 11 beschreibt sogar sein Friedensreich. Jesaja 61 zeigt, wie er für die gekommen ist, welche zerbrochenen Herzens sind, für die Gefangenen. Letzten Endes, und immer deutlicher, steht das alles in Beziehung zum Kreuz: Seine Gerechtigkeit, das Friedensreich, die Reinheit seiner Geburt und Herkunft, die Beziehung zum Gefangensein (gefangen in Schuld und Leiden). Und dann kommen in Jesaja 53 die Aussagen, welche darauf schließen lassen, daß er gekreuzigt werde. Alles wird über ihn gesagt: aus welchem Volk, aus welchem Stamm, aus welchem Geschlecht, aus welchem Ort er kommen wird, was er tun wird und daß er für uns sterben werde. Alles steht im Alten Testament geschrieben. »Er fing bei Mose an und allen Propheten.«

Jetzt kommen die beiden Jünger ans Ziel der Erkenntnis. Bis dahin waren sie unterwegs. *Hier sieht man Schritt um Schritt, wie wahrer Glaube sich entwickelt: Verwirrung, Infragestellung, klares, deutliches Bußwort, biblische Vertiefung und Erklärung und dann, am Ziel: allein der Heiland.* Wir kommen zum wahren Glauben nur durch die Heilige Schrift.

Wissen Sie, wie ich zum Glauben kam? Es war sechzehn Jahre nach Auschwitz. Ich bin Jude. Als Historiker habe ich immer gesagt: »Wie können diese Barbaren, die Nazis, meinem Volk so etwas antun?« Der Pfarrer, der meine Anklage öfter anhören mußte, ist ein gläubiger Mann. Eines Tages hatte er genug von meinem Schimpfen: »Wie konnte das mit Auschwitz passieren? Ich kann es immer noch nicht begreifen.« Er fragte mich: »David, bist du besser?« Ich war klug genug, zu wissen, er meinte nicht, ob ich besser sei als Hitler oder Mengele. Er meinte: »David, bist du gerecht?« Er meinte: gerecht vor Gott? Damit deckte er das Pharisäische in mir auf. Wir können leicht über eine Partei, über die Umwelt und über alles andere schimpfen, damit wir der Wahrheit ausweichen können. Das ist der Grund. Es hat nichts mit einer Partei, mit einem Bundeskanzler, mit einem Volk zu tun, sondern mit mir selbst. Ich gab zur Antwort: »Nein, ich bin nicht besser.« Mit diesem Satz »Bist du denn besser?« hat er mich getroffen. Gott sei Dank! hat er den Mut gehabt, so zu fragen. Das brachte mich ans Ziel, zu meinem Heiland Jesus Christus.

»Und sie kamen nahe zu dem Ort, da sie hingingen. Und

er stellte sich, als wollte er weitergehen.« Hier merkt man, wie geschickt der Seelsorger Jesus vorging. »Ich gehe weiter, wenn ihr mich nicht braucht.« Aber Jesus weiß sehr genau, sie brauchen ihn unbedingt. Er zwingt sich nicht auf. Er sagt nicht: »Ich komme mit hinein und werde zeigen, wie das war.« Er stellt sich, als ob er weitergehen möchte. Er wartet auf eine Schlußfolgerung von uns. Glaube kommt letzten Endes von ihm, aber er will, daß uns bewußt ist, daß er der ist, der Israel erlöst hat, der der Heiden Heiland und König der ganzen Welt ist.

Er wollte weitergehen, und sie nötigten ihn. Sie hielten ihn fest und sprachen: »Bleibe bei uns, denn es will Abend werden, und der Tag hat sich geneigt.« In Israel fängt ein neuer Tag mit dem Sonnenuntergang an. Hier können diese Juden im Untergang ihrer alten Welt einen neuen Tag hereinbrechen sehen, eine neue Welt. Gerade als es Abend wurde, war die bisherige Vergangenheit verdunkelt, und der neue Tag fing an. »Wir wollen, daß du bei uns bleibst, wir brauchen dich.« Die beiden Männer sind gläubig geworden. Ohne dich, der du uns fremd bist, kommen wir nicht weiter. Ich kann nicht in meinen Beruf gehen ohne Jesus. Ich kann meine Kinder nicht erziehen ohne Jesus.

Und er ging hinein, um bei ihnen zu bleiben. »Da er mit ihnen zu Tische saß, nahm er das Brot.« Es geschah etwas, was nicht geschehen sollte. Wer sollte das Brot brechen? Der Hausherr. Da stellt sich Jesus als Herr dieses Hauses hin. Das ist das neue Haus Israel, der neue Bund. Er bricht das Brot. Wir denken sofort an das Brot des Lebens. Die Juden beten zu Tisch über dem Brot und teilen es aus. Wir dürfen alle Anteil haben an diesem Mahl, am Gott der Schöpfung. Jesus hat das gedeutet: Ich bin der Herr, der Gott der Schöpfung. Das ist mein Leib, der für euch gegeben ist.

Hier erinnern wir uns an seine endgültige Tischgemeinschaft bei der Einsetzung des Heiligen Abendmahls. Und gerade bei diesem Tischgebet erkennen die Jünger Jesus. Wehe uns, wenn wir das Tischgebet versäumen, wenn wir die Gaben der Schöpfung als Selbstverständlichkeit annehmen. Psalm 104 warnt uns, daß dann diese Gaben von uns genommen werden können. Jesus zeigt sich hier bei dem

Tischgebet als der Herr, um zu verdeutlichen, daß er der »ewige Vater« ist, der Herr der Schöpfung, und durch seinen Leib, seinen gekreuzigten Leib, der Weg zur neuen Schöpfung.

»Da wurden ihre Augen geöffnet, und sie erkannten ihn, und er verschwand vor ihnen.« Die Binde ist jetzt von ihren Augen genommen, und zugleich zeigt der gekreuzigte und auferstandene Herr sich als Herr über die Schöpfung, denn weder Zeit noch Raum verfügen über ihn, sondern er verfügt über sie. »Am Anfang schuf Gott Himmel und Erde.« »Anfang« bedeutet Zeit und »Himmel und Erde« Raum. Jesus als Schöpfer-Gott steht über beidem, Zeit und Raum. So kann er hier verschwinden und in Sekunden ganz wo anders erscheinen.

»Und sie sprachen untereinander: Brannte nicht unser Herz in uns, da er mit uns redete auf dem Wege, als er uns die Schrift öffnete.« Herz bedeutet in der Bibel unser Wesen, der Ort der Wahrnehmung, von beidem der Gedanken und Gefühle. Durch sein Wort, durch seine Schriftauslegung haben sie ihn als ihren auferstandenen Herrn erkannt. Nur durch sein Wort können wir zum Glauben kommen. Der Heilige Geist wirkt durch das Wort wie bei der Pfingstpredigt des Petrus.

Da erkannten sie ihn, den Gekreuzigten. Sie nahmen ihn wahr im tiefsten Sinne seines Kreuzes, als Jesus das alles selbst auslegte, und deswegen konnten sie ihm begegnen. »Der Herr ist wahrhaftig auferstanden.« Über das Kreuz allein führt der Weg zu dem Auferstandenen. Dann gingen sie nach Jerusalem zu den Zwölfen (jetzt nur noch elf, ohne Judas), um weiterzuerzählen. Durch dieses Weitergeben des gepredigten Wortes von Jesus selbst durch den Heiligen Geist, aus dem gepredigten Wort vom Kreuz — hier von Jesus selbst — entstand, ja war schon Mission. Welch ein Jubel: *»Der Herr ist wahrhaftig auferstanden!«*

Thomas

Das sagte er, und danach spricht er zu ihnen: Lazarus, unser Freund, schläft, aber ich gehe hin, ihn aufzuerwecken. Da sprachen seine Jünger: Herr, wenn er schläft, wird's besser mit ihm. Jesus aber sprach von seinem Tode; sie meinten aber, er rede vom leiblichen Schlaf. Da sagte es ihnen Jesus frei heraus: Lazarus ist gestorben; und ich bin froh um euretwillen, daß ich nicht dagewesen bin, damit ihr glaubt. Aber laßt uns zu ihm gehen! Da sprach Thomas, der Zwilling genannt wird, zu den Jüngern: Laßt uns mit ihm gehen, daß wir mit ihm sterben!
(Joh. 11,11-16)

Euer Herz erschrecke nicht! Glaubt an Gott und glaubt an mich! In meines Vaters Hause sind viele Wohnungen. Wenn's nicht so wäre, hätte ich dann zu euch gesagt: Ich gehe hin, euch die Stätte zu bereiten? Und wenn ich hingehe, euch die Stätte zu bereiten, will ich wieder kommen und euch zu mir nehmen, damit ihr seid, wo ich bin. Und wo ich hingehe, den Weg wißt ihr. Spricht zu ihm Thomas: Herr, wir wissen nicht, wo du hingehst, wie können wir den Weg wissen? Jesus spricht zu ihm: Ich bin der Weg und die Wahrheit und das Leben; niemand kommt zum Vater denn durch mich. Wenn ihr mich erkannt habt, so werdet ihr auch meinen Vater erkennen. Und von nun an kennt ihr ihn und habt ihn gesehen.
(Joh. 14,1-7)

Thomas aber, der Zwilling genannt wird, einer der Zwölf, war nicht bei ihnen, als Jesus kam. Da sagten die andern Jünger zu ihm: Wir haben den Herrn gesehen. Er aber sprach zu ihnen: Wenn ich nicht in seinen Händen die Nägelmale sehe und meinen Finger in die Nägelmale lege und meine Hand in seine Seite lege, kann ich's nicht glauben. Und nach acht Tagen waren seine Jünger abermals drinnen versammelt, und Thomas war bei ihnen. Kommt Jesus, als die Türen verschlossen waren, und tritt mitten unter sie und

spricht: Friede sei mit euch! Danach spricht er zu Thomas: Reiche deinen Finger her und sieh meine Hände und reiche deine Hand her und lege sie in meine Seite, und sei nicht ungläubig, sondern gläubig! Thomas antwortete und sprach zu ihm: Mein Herr und mein Gott! Spricht Jesus zu ihm: Weil du mich gesehen hast, Thomas, darum glaubst du. Selig sind, die nicht sehen und doch glauben! Noch viele andere Zeichen tat Jesus vor seinen Jüngern, die nicht geschrieben sind in diesem Buch. Diese aber sind geschrieben, damit ihr glaubt, daß Jesus der Christus ist, der Sohn Gottes, und damit ihr durch den Glauben das Leben habt in seinem Namen.
(Joh. 20,24-31)

Thomas ist der Mensch unserer Zeit. Es gibt keinen Menschen in der Bibel, der so beschrieben wird, wie dieser Thomas. Was war das für einer, dieser Thomas? *Thomas glaubt nur, was er sieht und berührt, er ist ein reiner Materialist.* Wir haben unter uns, grob gesehen, zwei Arten von Materialismus. Da ist der theoretische Materialismus, der Marxismus, welcher materielle Güter nicht hervorbringt. Der große Widerspruch des Marxismus ist seine materialistische Ideologie, die zu materialistischem Bankrott führt, und daneben haben wir den Materialismus unseres weltlichen Lebens: Wir sagen, wir bekennen uns mit unseren Lippen zu Gott, leben aber letzten Endes für die Güter dieser Welt. Thomas ist der endzeitliche Mensch. Für ihn existiert nur, was er sehen und hören kann. Das bedeutet: Thomas ist der Maßstab für sich, für alle Dinge. Er lebt in Erbsünde, kennt aber Jesus. Er ist nicht Judas. Er ist nicht der, der Jesus verrät, gewiß nicht. Wenn dieser — wir möchten sagen — hoffnungslose Fall, Thomas, geheilt und gerettet werden kann, dann kann jeder geheilt und gerettet werden.

Vor der Konfirmation wählen meine Konfirmanden drei Sprüche aus der Bibel. Dann lade ich sie einzeln zu mir ein. Nach einem langen Glaubensgespräch darf jeder seinen Spruch wünschen. Einen Spruch habe ich immer reserviert für die, von denen ich glaube, daß sie »hoffnungslose Fälle« sind wie Thomas. Am Schluß sagt Jesus zu diesem: »Selig sind, die nicht sehen und doch glauben.« Diesen Spruch gebe ich meinen ungläubigsten Konfirmanden, soweit ich das beurteilen kann vom Gespräch her. Er soll ihnen als Wegweisung dienen.

Aber: Diesen Thomas kennen wir alle. Die Mehrzahl der Menschen, mit denen wir zu tun haben, sind solche Thomas-Menschen. Ist er tief genug gesunken, kann er noch errettet werden.

Johannes 11,11-16: »Solches sagte Jesus, und danach sprach er zu ihnen: Lazarus, unser Freund, schläft. Aber ich gehe hin, daß ich ihn aufwecke.« Manche sagen: Meint Jesus wirklich, daß er schläft? Selbstverständlich meint er das. Er hat auch das gleiche über des Jairus Tochter gesagt. In Gottes Augen gibt es jetzt keinen Tod. Jesus weiß, er kommt wieder, und alle Toten werden auferweckt werden. Tausend Jahre sind nur ein Augenblick vor Gott. Dieser Lazarus ist in Jesu Augen nicht tot, er schläft, bis er geweckt wird. Er muß aber nicht warten bis zum Jüngsten Gericht, er wird von Jesus jetzt auferweckt. So ist es mit unseren Toten. Jeder, der stirbt, schläft in Gottes Augen nur. Das dürft Ihr Euch sagen als Trost, wenn einer Eurer Ehegatten, eines der Eltern oder Großeltern stirbt, sie schlafen nur. Zum Gericht, da werden sie auferweckt. Natürlich wissen wir, daß es Menschen gibt, die direkt zu Gott in sein Reich hingerückt werden. Es gibt andere, die werden vor das Gericht kommen. Stephanus ging direkt in Gottes Reich. Bei anderen Menschen nehmen wir an, daß sie im Gericht vor Gott erscheinen müssen. Das alte Bild: die Geretteten und die Verdammten. Wir dürfen und können nicht zuteilen.

Der Pfarrer, der mich getauft hat, hat mir von einer Frau erzählt, die hatte ein verpfuschtes Leben. Sie ging zu einem Psychologen, wie man es heutzutage macht, und dann wird das Leben oft noch verpfuschter. Und als die Frau zu dem Pfarrer kam mit allen möglichen Schuldgefühlen und auch der ganzen psychologischen Terminologie (das hatte die Dinge noch schwieriger gemacht als alles zusammen: schwierig mit den Eltern, schwierig in der Ehe), da kam sie Schritt um Schritt zum Glauben an Jesus Christus zu ihrem wahren Heil. An dem Tag, an dem sie sich für Jesus entschieden hatte, hat sie erfahren, daß sie Krebs habe. Eine merkwürdige Geschichte. Der Tag, an dem sie gerettet wurde, wird für ihren Leib zum Tode bestimmt. Ihr Pfarrer war bei ihr, als sie im Sterben lag. Sie blickte ihn an mit einem strahlenden Gesicht, und ihre letzten Worte waren: »Ich ziehe in eine Wohnung ein«, lächelte strahlend und starb. Die Wohnung des Herrn gehört zum himmlischen Jerusalem. Sie ging direkt zum Herrn. Sie brauchte nicht im Tod zu schlafen, sie war sogleich bei ihm. Jesus redet immer über den Tod als Schlaf. Das bedeutet: über den lebendigen Gott Israels hat der Tod keine Macht. Gerade wenn Jesus das so sagt, müssen wir wissen, daß er ja sowieso der Herr der Auferstehung ist. Der lebendige Gott Israels kennt keinen Tod als endgültigen Zustand für die Seinen. Er hat uns zum Leben geschaffen, nicht zum Tod. Von vornherein redet er in diesem Sinn. Thomas natürlich versteht ihn nicht.

»Aber ich gehe hin, daß ich ihn aufwecke.« »Herr, schläft er, so wird's besser mit ihm.« Die Jünger meinten, das sei ein guter medizinischer Rat. Rege dich nicht auf, er braucht Schlaf, er wird sich erholen, so meinten die Jünger. Er schläft jetzt, alles ist gut, das ist fein. So sind die Jünger immer, nur allzu menschlich. Auch Petrus bei der Verklärungsgeschichte dachte so: Laßt uns eine Hütte bauen. Es ist schön, bei Mose und Elia zu bleiben. Ja, das hätte ihnen gepaßt.

Wie einer der größten deutschen Dichter unseres Jahrhunderts, Joseph Roth, sagt: »Gott brauchte kein Genie, er wirkt in den einfachsten Menschen auf die einfachste Art und Weise.« So sehen wir Petrus, ebenso Jakob. Es sind gerade zentrale Gestalten in beiden Bünden, im Alten wie im Neuen Testament. Wie der allzu menschliche Jakob, der da voller Fehler und Schuld ist, der schließlich Israel heißen wird. Jakob bedeutet »der Betrüger«. Er ist nicht der Besondere wie David, aber er ist der, der Israel, »Gotteskämpfer«, heißen wird. So ist es mit Petrus. Er ist nicht der Besondere wie Paulus. Paulus hat sicher auch sehr viel Schuld, aber er ist ein besonders Begabter. Jakob und Petrus sind Alltagsmenschen. Das heißt: so wie wir auch. Glaubt Ihr, daß großer Verstand die Voraussetzung für die Nachfolge Christi ist? Die Hauptgegner Jesu Christi sind die intelligentesten Menschen, die ganz hochgelehrten Männer und Frauen.

Petrus ist ein Mensch von sehr durchschnittlicher oder sogar unterdurchschnittlicher Intelligenz, und er ist einer der wichtigsten Jünger geworden, nicht der päpstliche Petrus, sondern der sinkende Petrus, der ganz und gar abhängig ist von Jesus. Aber er eiferte für Christus wie kein anderer.

Zurück zu Lazarus. »Da sprachen seine Jünger: Herr, schläft er, so wird's besser mit ihm.«

Jesus merkt, daß er nicht weiterkommt mit dieser Art von Gespräch. Jesus hatte tatsächlich von des Lazarus Tode gesprochen. Sie meinten aber, er rede vom leiblichen Schlaf. Da sagte es ihnen Jesus frei heraus. Jetzt hat er genug, sich mit seiner tiefsinnigen Art auszudrücken. Er gibt eine medizinische Diagnose: »Er ist tot.« Ja, hier kann kein Zweifel bestehen. Lazarus ist gestorben. »Und ich bin froh um euretwillen.« Was für eine ungeheuerliche Aussage: »Lazarus ist tot, und ich bin dankbar und froh, daß das so ist.« Wer redet über den Tod so?

Eine kleine hierher passende Zwischengeschichte.

Bei meiner frommen jüdischen Großmutter habe ich so etwas erlebt. Sie hatte auch meine Ehe mit einer deutschen Frau akzeptiert, was erst nach mühsamen und schwierigen Verhandlungen angenommen wurde. Sie sagte: »Der Herr, der Gott Israels, wird wissen, warum er das zuläßt.« Als nach mehr als fünfzig Jahren sehr glücklicher Ehe der Großvater starb, erzählte mir meine Mutter, ging die Großmutter strahlend zu der Beerdigung. Sie hatte sich schön angezogen in schwarz und strahlte, als ob das ein schöner Festtag wäre. Alle haben geweint, weil er ein sehr guter Mann gewesen war. Meine Großmutter strahlte und hat alle getröstet und gesagt: »Der Herr gibt, und der Herr nimmt, geheiligt sei der Name des Herrn.« Sie meinte das auch so, es war nicht nur Lippenbekenntnis. Sie sagte: »Wenn der Herr meinen Mann nimmt, dann nimmt er ihn. Ich kann nur glücklich sein, weil Gott das tut. Er weiß viel besser als ich, was gut ist. Warum soll ich traurig sein?« Das ist wahrer Glaube.

»Lazarus ist gestorben, und ich bin froh um euretwillen.« Warum um euretwillen? Er will mit diesem Tod etwas zeigen. Er gehört zu seiner Verkündigung. Natürlich ist es eine

Vorstufe zu seiner Auferstehung. Aber es geht noch tiefer. »Ich bin froh um euretwillen, daß ich nicht dagewesen bin, auf daß ihr glaubet.« Was wäre geschehen, wenn Jesus bei Lazarus gewesen wäre und hätte ihn geheilt? Jesus aber hat etwas ganz Besonderes vor. Lazarus war bereits vier Tage tot. Vier Tage ist sogar noch mehr als drei vor seiner eigenen Auferstehung. Hier ist eine Vordeutung auf diese. Er nimmt sich eines in Verwesung übergehenden und stinkenden Körpers an.

Jesus will den Jüngern, überhaupt den Menschen mit einem Auferstehungswunder zeigen, daß er der Herr des Lebens ist. Er läßt aber ein Wunder nie um einer Schau willen geschehen. Es gibt Sekten, welche sagen: »Wenn du krank bist, kommt das vom Satan, glaube an Jesus, und du wirst gesund sein.« Das ist falsch. Erstens kommt die Krankheit nicht vom Satan, sondern ist Gottes Frage an uns. Zweitens werden wir bei den meisten Krankheiten nicht durch Glauben gesund werden. Die Sektierer machen eine große Schau, und manchmal heilen sie auch tatsächlich Kranke. Doch dann sind die Geheilten abhängig vom Heilungswunder. Jesus aber sagt: »Wer mir nachfolgen will, der nehme sein Kreuz auf sich und folge mir nach.«

Jesus macht nie Schau und Schauspiel, nie die Zeichen, die die Schriftgelehrten und Pharisäer von ihm haben wollten. Jesu Heilen hat aber immer eine zeichenhafte Bedeutung. Warum heilte er ständig Blinde? Weil sie nicht sehen. Das Volk überhaupt sieht nicht im Geist den wahren Gott. Warum heilte er ständig Lahme? Weil die Kraft des Lebens gelähmt war zu der Zeit, und Jesus Christus der Herr des Lebens ist. Warum heilte er Aussätzige? Um zu zeigen: Die wahre Reinheit können wir nur in Jesus haben. *Warum erweckte er Tote? Um zu zeigen: Ich bin der lebendige Gott Israels.* Alle seine Heilungen sind wahre, endgültige Heilungen. Zugleich haben sie eine zeichenhafte Bedeutung.

»Ich bin froh um euretwillen.« Welche Aussage: Froh über den Tod! Nebenbei gesagt, es gab sogar einen Menschen, der ein Spottlied über den Tod gemacht hat. Wer war das? Paulus! »Tod, wo ist dein Stachel?« Das ist ein Spottlied. Wenn wir wirklich an Jesus Christus glauben, dann wissen wir, daß der Tod keine Macht mehr über uns hat. So wie meine Großmutter, die hat sogar nur an den Gott Israels geglaubt, sie kannte ja Jesus nicht, aber sie hat den Tod nicht ernst genommen. Sie hat gesagt: »Gott gibt es. Ich akzeptiere es.«

Wir Christen können noch viel weiter gehen. Paulus lacht über den Tod: Du hast keine Macht über mich. Ebenso redet Jesus in Vollmacht im selben Sinne: »Ich bin froh, daß er tot ist, daß ich meine Macht zeigen kann. Ich bin der lebendige Gott Israels.« Wir müssen merken, welche Aussagen es gibt über den Gott Israels. Er hat hier mit Juden zu tun. Er ist der gerechte Gott, deswegen die Bergpredigt. Da wird die majestätische Gerechtigkeit Gottes gezeigt. *Er ist der lebendige Herr, deswegen die Auferstehung, die Auferweckung, die er bewirkt, und dann auch seine eigene Auferstehung von den Toten.* Er ist natürlich auch der Gott der Barmherzigkeit, der Liebe und der Gott der Geschichte. Das haben wir alles in Jesus.

Wir haben in Jesus noch mehr. Jetzt kann er an dem toten Lazarus seine Macht als der lebendige Gott Israels zeigen. Er will ihn auferwecken von dem Tod. Dazu ist Jesus entschlossen. Da kommt Thomas mit einem Einwand, der schwer zu verstehen ist: »Laßt uns mitziehen, daß wir mit ihm sterben.« Was meint er damit? Vielleicht: Er könnte meinen, nach jüdischem Brauch wolle er sieben Tage da sitzen, *daß der Tod an uns selbst mitwirkt, daß wir seinen Tod vollziehen in unserem eigenen Erlebnis, damit er auch in uns stirbt.* Das wäre eine annehmbare Auslegung. Wir sitzen sieben Tage lang, und dieser Tod wird mitbewirkt in uns. Wir wollen mit ihm sterben in seinem Tod.

»Euer Herz erschrecke nicht! Glaubt an Gott und glaubt an mich...« (Joh. 14, 1-7). Wir brauchen keine Angst vor dem Tod zu haben, wenn wir an den Gott Israels in Jesus Christus glauben. Wir haben keinen Grund, Angst zu haben vor dem Tod und erschreckt zu sein, wenn er kommt. Obwohl der Tod eine erschreckende Sache ist. Er ist der bewegendste Verkündiger. Ich war einmal als Dichter in einen Pub eingeladen in einem Arbeiterviertel in Newcastle, um meine Lyrik zu lesen. Diese ist sehr modern und recht kompliziert und alles andere, als was man sonst in einem Pub liest. Aber ich ging trotzdem hin und las Gedicht um Gedicht — über den Tod. Viele junge Männer waren mit ihrer Freundin und mit ihrem Bier da, es war recht laut. Nach fünf Minuten herrschte eine Totenstille in dem Saal. Die Leute waren gefesselt. Ich habe nur Gedichte über den Tod gelesen. Der Tod bringt jeden in seinen Bann. Ich spreche sogar in der Schule in der vierten Klasse über Texte, die vom Tod handeln. Die Schüler sind ganz Auge und Ohr. Der Tod spricht jeden an. Das hat eine doppelte Bedeutung. Er wird auch jeden von uns beschlagnahmen. Es gibt keinen Menschen, der nicht vom Tod angesprochen wäre, denn der Tod hat Allmacht über den Menschen ohne Gott. Er ist der Verkündiger gegen den Materialismus unserer Zeit.

In dem Moment, in dem wir wahrnehmen, was Tod wirklich bedeutet, sind wir auf dem Scheideweg, wie die Jünger auf dem Weg nach Emmaus. Wenn wir sagen, es gibt keinen Gott, oder ich glaube nicht an Gott, dann hat der Tod Allmacht und spricht das letzte Wort. Das Leben ist dann nur ein böser Witz, wie Nietzsche das ausdrückte. Wenn wir aber an Gott glauben und wir wissen, was Jesus von uns verlangt, nämlich die Nachfolge, mit ihm Tag um Tag leben, dann wissen wir sehr genau, um was es geht. Entweder lebe ich mit Christus jeden Tag, dann werde ich mit Christus sterben und mit ihm auferstehen, oder alles, was ich habe und will, wird von mir genommen werden. *Dieses Thema Tod ist das zentrale Thema im Kampf gegen den Materialismus. Alles, was mit Materie zu tun hat, auch unsere fleischliche Person, wird vom Tod gefressen werden.* Das ist eine Grundwahrheit. Jesus aber sagt: »Erschrecket nicht über den Tod.« Paulus lacht gar den Tod aus. Wir Christen können gelassen dem Tod gegenübertreten. Das ist aber leichter gesagt als getan. Wir wissen jedoch, dieser Tod hat keine Macht mehr über uns, wenn wir wirklich an Jesus glauben.

»Euer Herz erschrecke nicht.« Herz bedeutet nicht eine Welt der Gefühle in der Bibel, sondern Wahrnehmungsort. Das ist nicht nur Gefühls-, sondern auch Verstandessache. Diese Gefühlswelt ist die Niere. Die Schüler der neunten Klasse in der Hauptschule malten ein Herz an die Wandtafel und schrieben zwei Namen hinein. Ich sagte: »Weg mit dem Herz, malt eine Niere für mich.« Sie fragten: »Warum eine

Niere?« Ich meinte: »Wenn ihr etwas über Liebe ausdrücken wollt, müßt ihr eine Niere malen, denn das ist der Ort des Gefühls in der Bibel, nicht das Herz. Diese Herzenssache als Gefühl kommt aus der Romantik.«

»In meines Vaters Hause sind viele Wohnungen.« Warum sagt Jesus dies? Weil es unter seinen Jüngern einen gibt, der sich abtrennen wird. Nicht endgültig wie Judas, sondern Thomas. In meines Vaters Hause sind viele Wohnungen, das bedeutet, dort wird auch eine Wohnung für Thomas sein. Es gibt eine für jeden von uns, der mit Jesus lebt, mit allen unseren Schwächen, mit unserem Kleinglauben, solange wir aus Buße leben und immer wieder den Weg zurück zu Christus finden. Da ist eine Wohnung schon jetzt für uns bereit.

Der Neujahrstag in Israel bedeutet: an diesem Tag entscheidet Gott, wer dieses Jahr überleben wird und wer nicht. Christlich gesehen, kann man sagen, dieser Tag ist Gericht Gottes. Es wird entschieden, wer sterben wird in unserer Gemeinde im kommenden Jahr. Da bereitet Gott die Wohnungen für die, die ihm gehören. Vielleicht werden sie im Gericht später einziehen, vielleicht sogleich. Da gibt es keine Probleme der Sozialwohnungen und keine der erhöhten Mieten. Auch für Thomas gibt es hier eine Wohnung. »In meines Vaters Hause sind viele Wohnungen (für alle möglichen Menschen). Wenn es nicht so wäre, würde ich zu euch gesagt haben: Ich gehe hin, euch die Stätte zu bereiten?« Euch, dann gehört auch Thomas dazu. Und »wenn ich hingehe, die Stätte zu bereiten, so will ich wiederkommen und euch zu mir nehmen, damit ihr seid, wo ich bin. Und wo ich hingehe, den Weg wisset ihr«. Jesus hat das alles zusammengebracht wie ein Lehrer. Der Weg zu seinem Reich geht über sein Kreuz. Und wo ich hingehe, den Weg wisset ihr: Ich bin der Weg und die Wahrheit und das Leben. Und wer da redet, gerade an diesem zentralen Punkt, wo Jesus alles erklärt hatte, ist Thomas: »Herr, wir wissen nicht, wo du hingehst, wie können wir den Weg wissen?« Jesus hat das schon öfters erklärt: daß er zum Sterben geht. Das hat er jetzt in Beziehung zu Lazarus gebracht. Aber Thomas weiß das nicht, wohin Jesus will (und muß). Das gleiche Problem wie bei den Emmausjüngern. Sie sind auch auf einem Weg, der ein Irrweg ist, ohne daß sie merken, daß Jesus bei ihnen seinen Weg geht. Dieses Wort »Weg« ist sehr wichtig. Jesus redet ständig über zwei Wege. Der schmale Weg der Nachfolge und der breite Weg der Welt. Und wo ich hingehe, den Weg wisset ihr: Sein Kreuz muß auf den Schultern getragen werden. Sagt Thomas zu ihm: »Herr, wir wissen nicht, wo du hingehst; und wie können wir den Weg wissen?« Das heißt nicht nur, daß wir ihn nicht wissen, sondern, du hast es uns nicht erklärt. Dabei hat Jesus es ständig erklärt. Thomas hat Ohren, und er hört nicht, und er hat Augen und sieht nicht.

Jesus spricht zu ihm auf hebräisch: »Ich bin Thora«, das heißt auf deutsch: »Ich bin der Weg, die Wahrheit und das Leben.« Für einen Juden ist das der wichtigste Satz im Neuen Testament. Thora ist die Wegweisung zum Leben, die ewige Wahrheit Gottes und das Leben selbst. Ich bin der (und das) Allerheiligste, das ihr auf eurem Herzen tragt, mit der größten Verehrung so umgebt, daß ihr keine Fehler damit machen könnt, weder schriftlich noch mündlich. Dort, wo in der Kirche das Kreuz steht, steht in der Synagoge die Thora. Die Thora sind die fünf Bücher Mose.

Wann wird Thomas Jesus richtig sehen, richtig verstehen? Nicht jetzt! Dieser Prozeß ist noch nicht zu Ende. Er muß ihn sehen als den Gekreuzigten. Dann wird er nicht mehr sagen: »Ich weiß nicht, wo du hingehst«, und fragen: »Wie sollen wir das wissen?«

Wie bei Maria Magdalena, wie bei den Emmausjüngern, es geht alles auf einem dunklen Weg der Vorbereitung. Doch Jesus sagt: »Ich bringe dich auf den Weg in meine Wahrheit zum ewigen Leben und bereite meine Wohnung für dich. Ich wirke an dir, bis du diesen Weg gehst und bis du mich siehst.« Genau der gleiche Prozeß wie bei Maria Magdalena und bei den Emmausjüngern. Er muß seinen Weg gehen, bis er merkt, daß er mit dem Herrn geht, und daß er den gekreuzigten Jesus sieht. Dann kann er die Auferstehung begreifen. Das ist der Weg.

Der Schlüsseltext steht Joh. 20,24-29: »Thomas aber, der Zwölfe einer, der da heißt Zwilling, war nicht bei ihnen, als Jesus kam.« Wissen Sie, was für eine ungeheure Aussage das ist? Jesus kommt als Auferstandener, erscheint den Jüngern, und Thomas ist nicht da. Hat er eine Entschuldigung? Warum wohl ist Thomas nicht bei ihnen? Pflegte er nur eine lose Beziehung zu den andern Jüngern? Geht er manchmal hin, wie manche in unseren Kreisen? Manchmal ist er da und manchmal nicht? Und er fehlt hier im entscheidendsten Moment! Es gibt keine Entschuldigung dafür. Trotzdem nimmt Jesus ihn an. Er aber, Thomas, sprach zu ihnen: »Wenn ich nicht in seinen Händen die Nägelmale sehe und lege meinen Finger in die Nägelmale und lege meine Hand in seine Seite, kann ich's nicht glauben.« Ich bin der Maßstab der Wirklichkeit, ich, Thomas. Ihr könnt schwätzen was ihr wollt, ich will das selbst sehen. Was für eine fürchterliche Aussage! Hören wir das nicht immer wieder heutzutage? Was ist das mit Jesus? Sogar einige russische Kosmonauten haben gesagt: »Wir waren im Weltall und sahen Gott nicht.« Was für eine lächerliche Aussage ist das! Das ist das Tiefste des Sündenfalls. Ich werde bestimmen, ob Jesus auferstanden ist oder nicht und ob das Gott ist oder nicht. *Ich werde Gott richten.* Das ist der Sündenfall des modernen Menschen: Ich werde entscheiden, ob Jesus Gott ist oder nicht! Das ist Blasphemie, Lästerung!

Thomas macht sich zum Richter: Ich entscheide, ich will das mit meinem Finger spüren. *Ein Wunder, daß Jesus ihn nicht aufgibt!* Dieser Thomas ist der Mensch unserer Zeit. Daß Jesus zu diesem trotzdem hält! Jeder von uns würde sagen: »Dann laß ihn.« Er kann sehen, was aus seinen Fehlern wird, wenn er stirbt. Der ewige Tod steht ihm bevor. Geschieht ihm recht! Lassen wir ihn. Das wäre die Reaktion eines jeden von uns. Das ist, was er verdient hat! Wenn er verlangt, daß er zu beurteilen hat, wer wirklich Gott ist und sich an Gottes Stelle setzt. Aus mit ihm! Jesus reagiert nicht so. Warum? Ich verstehe es nicht. Manche Leute sagen, das große Problem unserer Zeit sei, warum Jesus soviel Böses erlaubte? Für mich ist das kein Problem. Das große Problem, das ich nicht verstehe, ist: Warum hat er nicht längst uns alle gerichtet und umgebracht? Warum hat er nicht alle aufgegeben, Juden wie Heiden und Christen? Alles Böse, das wir getan haben, alle die Verfehlungen, allen Unsinn und alle Dummheit, wessen wir uns schuldig gemacht haben, wie Thomas, damit haben wir nichts Besseres verdient.

Das Böse in der Welt kommt nicht von Jesus, sondern von uns. Jesus hat nicht Auschwitz eingerichtet und auch nicht die russischen Straflager, das taten Menschen. Er wird kommen zu richten; es wird gerecht gerichtet werden. Das ist für mich kein Problem. Aber warum sagt Jesus ja zu diesem Thomas? Es gibt keinen Grund, daß er zu jedem von uns Gläubigen ja sagt. Keiner von uns hat das verdient. *Das ist für mich das ungeheure Geheimnis des christlichen Glaubens.* Der Vernunft wegen, um der Gerechtigkeit willen müßte so ein Gott uns alle längst aufgegeben haben. Wie oft sind wir wie Thomas? Und Jesu gibt uns nicht auf. Das ist das Wunderbare an unserem Gott, daß er eine ungeheure Geduld hat, daß er jedem, der ihm gehört, einen Weg und eine Wohnung bereitet hat und daß er uns alle ans Ziel bringen wird. Er gibt uns, was wir gar nicht verdient haben.
»Und über acht Tage...« Warum acht Tage? Warum nicht sieben. Warum nicht zehn Tage? Warum gerade acht Tage? Was bedeutet acht bei den Juden? Acht ist der Tag der Bluttaufe, das ist die Beschneidung. Am achten Tag wird das Knäblein beschnitten. Als Gott Mose überfiel, ihn zu töten, nahm seine Frau einen scharfen Stein und beschnitt ihren Sohn. Die Beschneidung hat hier mit dem Kreuz zu tun, mit dem Neugeborenwerden, der Wiedergeburt von Thomas. »Und über acht Tage waren abermals seine Jünger drinnen und Thomas mit ihnen.« Mindestens will er sehen, was da los ist. Manche gehen fort und kommen niemals zurück. Thomas jedenfalls ist da. Das ist ein kleiner Fortschritt. »Kommt Jesus, da die Türen verschlossen waren, tritt mitten ein und spricht Shalom!« Das bedeutet: »Friede sei mit euch!« Jesus geht durch die Wände und die verschlossenen Türen und spricht Shalom. Warum? »Am Anfang schuf Gott Himmel und Erde.« Das bedeutet, vor dem Anfang war Gott da. Zeit bedeutet Anfang, Himmel und Erde Raum. Jesu als der Auferstandene ist nicht mehr durch Zeit und Raum begrenzt, sondern er steht über beidem. Alle diese Auferstehungsberichte zeigen: Zeit hat keine Macht mehr über Jesus und Raum auch nicht. Er kann durch Türen und Wände, er kann plötzlich an einem ganz anderen Ort sein, es gibt für ihn keine Grenze mehr. Wir leben in Zeit und Raum.

Die Wissenschaftler, die nicht gläubig waren, haben sehr

über diese Sache gelacht. Einstein mit seiner Relativitätstheorie hat aber bewiesen, daß bei sehr hoher Geschwindigkeit die Zeit langsamer geht. Wir können das nicht fassen, weil wir in der Geschichte leben, in Zeit und Raum. Aber die moderne Physik hat uns gezeigt, daß weder Zeit noch Raum absolute Begriffe sind. Jesus, als der Gott Israels, steht Zeit und Raum vor. Er geht durch verschlossene Türen, tritt mitten ins Zimmer und sagt: »Shalom, Friede.« Was bedeutet das? Hat er plötzlich Frieden zwischen den Römern und den Juden gestiftet? Nein. Er sagt: »Ich habe die Welt überwunden. Ich bin der Weltüberwinder, ich war tot und bin wieder lebendig geworden.« Shalom bedeutet: Ich bin am Ziel. Die Engel sangen Shalom, als er geboren war. Gott hat uns seinen Sohn gegeben, damit er uns mit ihm versöhne. Jetzt ist Jesus am Ziel, er hat den Tod überwältigt für uns. Er steht über dem Tod. Wir reden von Wohnungen, weil wir das nicht fassen können. Hier werden die Menschen nicht älter. Es gibt keine Zeit mehr. Tausend Jahre sind wie ein Hauch für Gott. Das können wir nicht fassen.

Ich bin Historiker. Es ist für mich eine ungeheuer schwierige Sache, mir vorzustellen, daß die Geschichte aufhört. In Gottes Reich gibt es keine Geschichte mehr. Es gibt nur noch Sein und Wirklichkeit, »Gerechtigkeit, Frieden und Freude im Heiligen Geist« (Röm. 14, 17). »Danach sprach er zu Thomas: Reiche deinen Finger her und siehe meine Hände und reiche deine Hand her und lege sie in meine Seite und sei nicht ungläubig, sondern gläubig!«

Ich hätte Thomas aufgegeben. Ich denke, jeder von uns hätte ihn abgeschrieben. Nur Jesus gibt ihn nicht auf. Warum nicht? Weil er einen Bund geschlossen hat mit seinen Jüngern. Judas verrät ihn, geht fort und erhängt sich. Das ist nicht Verleugnung, sondern Verrat. *Jesu Bund bedeutet: Ich halte zu euch.* Er hat den Alten Bund nie aufgegeben. Gott stiftete den Bund. Der ist kein demokratischer Kompromiß. Gott sagt nicht zu Petrus: Wir reden miteinander und machen einen Kompromiß, und er sagt das auch nicht zu Mose, sondern *er stiftet einen Bund und bürgt auch für dessen Einhaltung. Und Gott bleibt treu, auch wenn Israel versagt, und er hält die Treue auch zu dem neuen Israel, auch wenn wir versagt haben.* So hält er die Treue Thomas gegenüber. Er spricht zu ihm: »So reich deinen Finger her und siehe meine Hände und reich deine Hand her und lege sie in meine Seite und sei nicht ungläubig, sondern gläubig! Ich werde dir die Beweise geben, die du verlangst.« Wie er Maria beim Namen nennt, und sie merkt, ja, ich bin diese Unsichere, und sie nimmt ihn an; wie er sich beim Tischgebet den Emmausjüngern als der lebendige Gott der Schöpfung, der Gott Israels, zeigt, so gibt er hier Thomas genau, was er braucht, damit er gläubig wird. Luther sagt es mit einem Satz: Allein durch Gnade, nicht durch Verdienst. Thomas hat nichts verdient, gar nichts. Es ist reine Gnade.

Thomas antwortete: »Mein Herr und mein Gott.« Ein ganz anderes Glaubensbekenntnis als das von Maria Magdalena, die ausrief: »Meister,Rabbuni!« Mein Herr und mein Gott, eine Verdoppelung. Alles, was in der Bibel doppelt steht, bedeutet Unterstreichung. Es ist auch doppelt, er tut zwei Dinge, nämlich die Finger in seine Hände und in seine Seite legen. »Mein Herr und mein Gott.« Thomas glaubt ja nur, was er spürt. »Mein Herr und mein Gott.Du hast mir das gegeben, was ich brauche, um an dich zu glauben, und ich nehme das an.« Wissen Sie, was das bedeutet? Jeder Mensch hat einen Weg zu Jesus Christus. Es gibt keinen Menschen, den Gott ausschließt. *Die Frage ist, ob dieser Weg gefunden wird und ob er bereit ist, das anzunehmen.*

Ein Beispiel, das ungeheuer wichtig für mich war: Ich gehe ins Krankenhaus, es sind vielleicht fünf Jahre vergangen seither. Da lag ein dreiundachtzigjähriger Mann, ein Heimatvertriebener, der alles verloren hatte, seine Heimat und alles Vermögen und dazu viel Schlimmes erlebt hatte. Er war halb blind. Er hatte so viele Krankheiten, ich weiß gar nicht, was er alles hatte. Er war sehr krank, aber er lag nicht im Sterben. Ich betete, bevor ich zu ihm hinging: »Herr Jesus, sprich durch mich.« Fünfmal besuchte ich ihn. Ich sagte ihm: »Sie müssen lernen, dankbar zu sein für das, was Sie noch haben.« Was antwortete er? »Das ist mir alles völlig egal, alles ist Sch...« Ich sagte Punkt um Punkt, daß er dankbar sein sollte, weil er noch essen konnte, weil er Besuch bekam, weil er ein Bett hatte, usw. *Es war alles biblisch, was ich sagte, aber das war nicht der Weg, sein Weg,* der Weg mit diesem Mann. Das sechste Mal kam ich zu ihm. Fünfmal sagte ich immer wieder das gleiche. Beim sechsten Mal sprach ich: »Sie haben recht, alles ist Sch...« Er war überrascht: »Was, das sagt ein Pfarrer?« Ich entgegnete: »Alles, Ihre ganze Vergangenheit, Ihre ganze Gegenwart, alles ist Sch...« Dann fing ich an, von dem auferstandenen Jesus zu erzählen. Plötzlich war der Mensch erwacht. Das war kein Weg der Vergangenheit mehr oder der Gegenwart, da war nur noch der Weg der Zukunft. Plötzlich hatte er *den Weg* gefunden.

Jesus hat einen Weg mit jedem Menschen. Und wir sind da als Botschafter für ihn, diesen Menschen zu helfen, ihren Weg zu finden. Wir wissen nicht von uns aus, welches dieser Weg ist. Viele Menschen sperren sich und sperren sich und sperren sich. Hesekiel sagt (sehr wichtig für die Mission) in Kapitel 3,17-19: »Du mußt sagen, was ich dir sage. Und wenn er das nicht hört, dann wird er ins Gericht gehen. Wenn du ihm das aber nicht sagst, wirst du mit ihm gerichtet werden.« Wir *müssen* zu unserem Nächsten gehen, er kann sich sperren. Möglicherweise finden wir genau, wenn wir beinahe aufgeben wollen, die letzte Möglichkeit. Und bei dieser letzten Möglichkeit hat Gott mir bei dem alten Mann den Weg geöffnet. So war es mit diesem Thomas. An diesem Beispiel lernte ich sehr viel.

Schauen wir, wie die Geschichte zu Ende geht. »Spricht Jesus zu ihm: Weil du mich gesehen hast, Thomas, so glaubst du. Selig sind, die nicht sehen und doch glauben.« Der natürliche Mensch glaubt nur an das, was er sehen und spüren kann, und der natürliche Mensch steckt in jedem von uns. Alles, was wir in diesem Moment sehen, wird sterben. Es ist entweder jetzt schon tot, oder es ist dem Tod geweiht. Nur was unsichtbar ist, ist möglicherweise unsterblich, vor allem ganz sicher der lebendige Gott.

Ein Blinder kam zu mir in den Gottesdienst sechs Kilometer über das Feld. Er sagte mir: »Als ich jung war, konnte ich sehen. Aber ich habe nicht gesehen. Ich habe fleischlich gesehen, aber Jesus, meinen Heiland habe ich nicht gesehen. Dann bin ich blind geworden, und seitdem bin ich sehend.« Deswegen hat Jesus die Blinden geheilt. Nun sehe ich die Wahrheit, den Weg, ich sehe das Leben. Wer von den Augen lebt und sieht, was schön ist, die schöne Landschaft, schöne Menschen, ist fleischlich und sterblich. Ein wahrer Christ hat eine innere Schau durch das Wort, und er kommt zu einer Sicht der Wirklichkeit, daß Jesus Christus lebt — wir können ihn nicht sehen, aber trotzdem wahrnehmen. Wir sollen wissen, daß Glaube, Liebe und Hoffnung mit unsichtbaren Dingen zu tun haben. Aber alles, was wir sehen, wird sterben und vergehen. Wenn wir dem folgen, was uns unser Auge sagt und was die Welt sagt, dann gehen wir den Weg wie die Blinden. Breughel hat ein berühmtes Bild gemalt. Es hängt in Neapel. Ein blinder Mann steigt auf einen Hügel und andere Blinde folgen ihm nach, und sie alle stürzen ins Meer. Wie war das im Dritten Reich? Die Blinden gingen den Blinden nach. Alle machen mit, wir machen auch mit! Viele Christen sagten: »Nein, wir glauben nicht daran, wir gehen einen anderen Weg.«

Und heute? Die Zeitmoden sind sogar in unserer Kirche zu bewundern. Jesus holt Lazarus zurück aus dem alten Fleisch, kehrt aber selbst nach seiner Auferstehung nicht zu dem alten Leib zurück, sondern er geht weiter zu einer neuen Welt. Warum? Weil die alte Welt im Sterben liegt. Schon damals: Drei Stunden Dunkelheit: die ganze Schöpfung liegt im Sterben mit ihrem Herrn, weil wir Gottes Mörder sind. Alle von uns, Juden wie Heiden. Unsere heutige Welt ist nicht mehr errettbar. Der sterbende Wald und die sterbenden Tiere sind nur der Vollzug von dem, was vor zweitausend Jahren passiert ist. Es wird nur erst jetzt sichtbar, daß die Welt, in der wir leben, im Sterben liegt. Jesus ging bei seiner Auferstehung nicht zurück zu der alten Welt, er schritt vorwärts, einer neuen Welt entgegen.

Das ist auch unser Weg, wenn wir mit Jesus gehen wollen. Wir gehen durch die Welt, aber wir sind nicht Teil dieser Welt. Wir möchten der Welt helfen, von ihrem falschen Weg wegzukommen auf den schmalen Weg. Wir sind berufen, andere zu retten aus einer sterbenden Welt. Unser Blick ist auf den Gekreuzigten gerichtet, auf den Auferstandenen und auf eine neue Welt, welche von dem wiederkommenden Jesus Christus auf dieser Erde unter seiner Herrschaft neu gemacht werden wird.

Petrus am See Genezareth

Danach offenbarte sich Jesus abermals den Jüngern am See Tiberias. Er offenbarte sich aber so:

Es waren beieinander Simon Petrus und Thomas, der da heißt Zwilling, und Nathanael von Kana in Galiläa und die Söhne des Zebedäus und zwei andere seiner Jünger. Spricht Simon Petrus zu ihnen: Ich will fischen gehen. Sie sprechen zu ihm: So wollen wir mit dir gehen. Sie gingen hinaus und traten in das Schiff, und in derselben Nacht fingen sie nichts. Als es aber schon Morgen wurde, stand Jesus am Ufer, aber die Jünger wußten nicht, daß es Jesus war.

Spricht Jesus zu ihnen: Kinder, habt ihr nichts zu essen? Sie antworteten ihm: Nein. Er aber sprach zu ihnen: Werft das Netz aus zur Rechten des Schiffs, so werdet ihr finden. Da warfen sie und konnten's nicht mehr ziehen vor der Menge der Fische. Da spricht der Jünger, welchen Jesus lieb hatte, zu Petrus: Es ist der Herr! Da Simon Petrus hörte, daß es der Herr war, gürtete er den Rock um, denn er war nackt, und warf sich ins Meer. Die andern Jünger aber kamen mit dem Schiff, denn sie waren nicht ferne vom Lande, sondern bei zweihundert Ellen, und zogen das Netz mit den Fischen.

Als sie nun ausstiegen auf das Land, sahen sie Kohlen gelegt und Fische darauf mit Brot. Spricht Jesus zu ihnen: Bringet her von den Fischen, die ihr jetzt gefangen habt! Simon Petrus stieg hinein und zog das Netz auf das Land voll großer Fische, hundertdreiundfünfzig. Und wiewohl ihrer so viele waren, zerriß doch das Netz nicht. Spricht Jesus zu ihnen: Kommt und haltet das Mahl! Niemand aber unter den Jüngern wagte, ihn zu fragen: Wer bist du? Denn sie wußten, daß es der Herr war. Da kommt Jesus und nimmt das Brot und gibt's ihnen, desgleichen auch die Fische. Das ist nun das dritte Mal, daß Jesus offenbart ward den Jüngern, nachdem er von den Toten auferstanden war.

Als sie nun das Mahl gehalten hatten, spricht Jesus zu Simon Petrus: Simon, des Johannes Sohn, hast du mich lieber, als mich diese haben? Er spricht zu ihm: Ja, Herr, du weißt, daß ich dich lieb habe. Spricht Jesus zu ihm: Weide meine Lämmer! Spricht er zum zweiten Mal zu ihm: Simon, des Johannes Sohn, hast du mich lieb? Er spricht zu ihm: Ja, Herr, du weißt, daß ich dich lieb habe. Spricht Jesus zu ihm: Weide meine Schafe! Spricht er zum dritten Mal zu ihm: Simon, des Johannes Sohn, hast du mich lieb? Petrus ward traurig, daß er zum dritten Mal zu ihm sagte: Hast du mich lieb? und sprach zu ihm: Herr, du weißt alle Dinge, du weißt, daß ich dich lieb habe. Spricht Jesus zu ihm: Weide meine Schafe!

Wahrlich, wahrlich, ich sage dir: Als du jünger warst, gürtetest du dich selbst und wandeltest, wo du hin wolltest; wenn du aber alt wirst, wirst du deine Hände ausstrecken, und ein anderer wird dich gürten und führen, wo du nicht hin willst. Das sagte er aber, zu zeigen, mit welchem Tode er Gott preisen würde. Und als er das gesagt hatte, spricht er zu ihm: Folge mir nach!
(Joh.21,1-19)

»Danach offenbarte sich Jesus abermals den Jüngern am See Tiberias (das ist der See Genezareth, das Galiläische Meer) und zwar so: Es waren beieinander Simon Petrus, der erste und zentrale Jünger, Thomas, der Versagende, der da heißt Zwilling, Nathanael von Kana und noch einige Jünger.« Warum wird ausdrücklich gesagt, daß er von Kana ist? Es steht nirgendwo über die anderen Männer eine Ortsbezeichnung. Wenn man eine Ortsbezeichnung hört, muß man die Ohren spitzen und fragen: »Warum«? Denn das erste Wunder im Johannes-Evangelium ist die Hochzeit zu Kana. Es ist ein Schöpfungswunder, und gerade das letzte Wunder hier im Johannes-Evangelium ist auch ein Schöpfungswunder. Das bedeutet, es ist der Abschluß. Jesus nimmt Abschied von seinen Jüngern. Darum wird Kana betont, da denkt man sofort an die Hochzeit zu Kana! Das war das erste Wunder des Johannes-Evangeliums, und dies hier ist das letzte. Es hat mit Schöpfung zu tun. Warum wissen wir das sofort? Weil sieben Jünger dabei sind. Immer wenn es sieben sind, haben wir es mit einer Schöpfungszahl zu tun. Hier wird ein Schöpfungswunder stattfinden. Das ist kein Zufall. Da zeigt Gott seine Wege mit uns. Nathanael von Kana in Galiläa und die Söhne des Zebedäus, das sind Johannes und Jakobus und zwei andere Jünger. »Spricht Simon Petrus zu ihnen: Ich will fischen gehen. Sie sprechen zu ihm: So wollen wir mit dir gehen. Sie gingen hinaus und traten in das Schiff. In derselben Nacht fingen sie nichts.« In Israel fischt man abends. Tagsüber haben die Fische hitzefrei, sie tauchen nach unten, abends kommen sie herauf, und man kann sie fangen. Tagsüber fischt man in Israel nicht.

Diese Aussage klingt unschuldig und beiläufig. Sie ist aber von großer Tragweite. Die Situation ist in Wirklichkeit so: *Petrus will zurück auf seinen alten Weg.* Sicher, Jesus hat gesagt, sie sollten nach Galiläa und auf ihn warten. Das haben sie getan, und Petrus denkt, es sei alles in Ordnung. Er erwartet Jesus nicht und erkennt ihn nicht, weil er das alte Leben vorzieht, obwohl ihm Jesus einigemale erschienen ist. Petrus geht seinen alten Weg, zurück zu der alten Person des sündigen Adams in sich, und fängt an zu fischen, als ob nichts geschehen wäre. Sicher, Jesus hat ihn hingeschickt, *aber er erkennt Jesus nicht, weil er, Petrus, in seiner alten Routine befangen ist.* Diese Gefahr besteht für jeden von uns auch. Der alte Adam kämpft in uns, damit er die Herrschaft über uns wieder gewinne. Petrus geht zu seiner alten Routine zurück, er ist Fischer. Er will fischen, er fischt schon abends, so macht man das. Er erkennt Jesus gar nicht, weil er so beschäftigt ist mit seinem alten Ich, seinem alten Leben. Das dürfen wir nicht übersehen. Das ist Schuld, tiefe Schuld, wie wir es bei Thomas, bei den Emmaus-Jüngern, bei Maria Magdalena sehen konnten. Es kämpfen zwei Geister in seiner Brust. Petrus, der alte Fischer, geht auf seinen Weg zurück.

Warum fängt er nichts? Weil er ohne Jesus nichts tun kann. Jesus hat ihn als Jünger bestimmt, als Menschenfischer. Er soll nicht zu seinem Fischfang zurück. Es ist Abend, die Zeit, wenn man zum Fischen geht. Er weiß das, er weiß genau, wie man fischen soll. Er ist erfahren. Und nun fängt er auf dem fischreichen See Genezareth nichts, rein nichts... Warum? Jesus will ihm zeigen: »... ohne mich könnt ihr nichts tun.« Er muß lernen: nur mit Christus gibt es eine Zukunft. Ich glaube, das haben wir alle gelernt. Wir haben nur Zukunft, wenn wir mit Jesus gehen. Ohne ihn können wir gar nichts tun. Ich muß das ständig auch immer wieder neu lernen. Es kommt nicht auf meinen Verstand, meine Klugheit, meine Geschicklichkeit und mein Können an, es kommt hundertprozentig darauf an, daß ich Buße tue und täglich aus seiner Gnade lebe. Einmal hatte mich ein reicher Mann zum Fischfang eingeladen auf sein Schiff. Ich ging gerne mit. Ich freute mich. Er hatte Radar auf seinem Schiff. Wir konnten mit den modernsten Einrichtungen sehen, wo die Fische waren. Trotzdem fingen wir nichts.

Wie ist das in unserem Berufsleben? Wie oft erleben wir einen Leerlauf, wenn wir glauben: ich kann das alles schaffen von mir aus, mit meinem Schwung, mit meiner Begabung, mit meinem Einsatz? Die sogenannte Midlife-Krise ist sicher ein Problem für Nichtchristen. Bei Christen soll das überhaupt keine Krise sein. Wir nehmen jede Lebensphase aus Gottes Hand. Ich bin recht froh, daß ich älter und ziemlich verbraucht bin, sogar einige weiße Haare habe, das macht mir nichts aus. Ich nehme Gegenwart und Zukunft aus Gottes Hand.

Erlebte Petrus in seinem Beruf auch Zeiten des Leerlaufs? Eben jetzt erledigte er seine Arbeit nicht nach dem Willen Jesu Christi. Tue ich es? Stehe ich — heute — in der Verbindung mit Jesus? Jeder hat einen anderen Beruf, der eine lernt erst noch, der andere studiert. Die Beziehung zu Jesus, bevor man den Tag anfängt, ist wichtig. Sonst kommt Leerlauf. Vor allem Pfarrer, die nicht aus der täglichen Kraft Jesu Christi leben, werden keinen Menschen mehr fischen. Es wird alles nur Leerlauf sein. Wie geht es mit Petrus? *Jesus läßt ihn den Leerlauf erfahren, damit er merkt: »Ich brauche Jesus, ohne ihn kann ich nichts tun.«*

Spricht Simon Petrus zu seinen Kameraden: »Ich will fischen gehen.« Sie sprechen zu ihm: »So wollen wir mit dir gehen.« Sie gingen und traten in das Schiff, und in derselben Nacht fingen sie nichts.

»Schiff« ist das Zeichen für »die Gemeinde«. »Ein Schiff, das sich Gemeinde nennt«, heißt ein modernes Lied. Das geht zurück bis zu Noahs Arche. Dann: das Schiff, als Jesus den Sturm stillte. Hier betreten sie ihr Schiff als Gemeinde Jesu. Aber sie gehen ohne Jesus. An ihn denken sie überhaupt nicht. Sie gehen ganz ohne ihn. Die Gemeinde will oft ohne Jesus gehen. Das ist wie mit der Theologie, die sich an die Zeit anpaßt und versucht, mit jeder neuen Zeitmode zu gehen. Und die Kirchen werden immer leerer, bis niemand mehr da ist. Das ist der Weg der Gemeinde ohne Jesus Christus.

»Als es schon Morgen wurde, stand Jesus am Ufer.« Morgen: Die Zeit wird angegeben wie bei Maria Magdalena, ja bei allen diesen Berichten. Ohne Jesus ist es finster. Dann, wie der Herr erkannt wird, weicht die Dunkelheit, und der Tag bricht an, eine neue Welt wird anfangen. Jesus steht am Ufer. Manche mögen sagen, das bedeute: Er ist durch die ganze Tiefe des Kreuzes gegangen und steht nun als der Auferstandene am andern Ufer des neuen Lebens.

Jesus steht schon vorher da, aber die Jünger wußten nicht, daß es Jesus war. *Das will sagen, sie sind total verstrickt in Sünde,* sie leben nur für ihren Fischfang, der von der alten Person bestimmt wird. Dadurch erkennen sie Jesus nicht. Er steht direkt vor ihnen, aber sie haben eine Binde vor den Augen, Jesus ist ihnen ein Fremder. So geht es ständig bei diesen Erscheinungsberichten: bei den Emmaus-Jüngern, bei Maria Magdalena, bei dem zweifelnden Thomas: Sie erkennen ihn nicht. Was können sie erkennen? Das, was sie sehen, was sie berühren können. Ihre eigene Lage ist ihnen klar. *Sie haben aber nicht erkannt, daß unsere eigene Orientierung nur Sinn und Ziel hat, wenn Jesus Christus mitten unter uns ist. Sonst nützt alles nichts.* Deswegen zeigt Jesus hier Petrus sehr deutlich: Ohne mich könnt ihr nichts tun.

Vorsicht: Das Gebet kann Lippenbekenntnis werden, wenn es nicht von Herzen kommt. Das ist kein Gebet, das ist verwerflich. Dann ist es besser, nicht zu beten. Vorsicht vor dem Versuch, missionarische Einsätze zu machen, wenn man sich nicht vorher durch ernste Buße Jesus Christus ausgeliefert hat. Im Mittelpunkt steht Buße; nur wenn wir täglich Buße tun, nur wenn wir überzeugt sind, ohne ihn kann ich nichts tun, nur dann können wir Menschenfischer werden, nur dann können wir etwas im Sinne Jesu tun. *Buße muß von Herzen kommen, und zwar immer wieder neu.* Jesus legt eine Last auf uns, daß wir das unaufhörliche Gebet um Buße verrichten, um ständig in seiner Gegenwart leben zu können.

Ich kann keine Bibelarbeit halten, ohne ihn mir vor Augen zu halten: ich bin nichts. Er muß für mich sprechen. Ich nehme an, das ist bei allen gläubigen Menschen das gleiche. Petrus muß das erst noch lernen. Petrus eifert. Das ist seine große Gefahr, der Eifer. Er ist der wichtigste Jünger, aber nicht »Papst«, sondern als sinkender, versagender Petrus. Aber Vorsicht mit dem Eifer, Petrus! Die besten Diener Jesu Christi waren immer die eifrigsten, ob das Paulus war, der im Eifern keine Grenzen kannte, ob das Augustin, ob das Luther, ob das Hofacker war, es waren immer die Eifrigsten. Aber Eifer trägt eine Gefahr in sich, die ich sehr gut kenne. Dasselbe gilt für Petrus. Ein eifernder Mensch, selbst in seinem Eifer für Jesus, *eifert manchmal, ohne es zu merken, für sich selbst und nicht mehr für Christus.* Manchmal ist es tiefste Schuld, wenn der Eifer in die falsche Richtung geht. Luthers Eifer gegen die Juden am Ende seines Lebens war verhängnisvoll für unsere Kirche. Auch Augustin hat in seinem Eifer in seinem Kirchenkampf Fehler begangen.

Dieser ganze Text kreist um das Problem Eifer und Liebe. Kein richtiger Jünger Jesu kann ohne Eifer sein. Es kann ein innerlicher Eifer sein wie bei Maria, Marthas Schwester, ein innerliches Stillesein, wenn man auf Gottes Wort hört. Das ist auch eine Art von Eifer. Die Gefahr des Eifers ist die, daß wir etwas selbst tun und glauben, Jesus will das. Und letzten Endes folgen wir unserem Eifer und nicht Gottes Willen. *Der einzige Weg zurück für den Eifernden ist zurück zu der Liebe Jesu Christi.* Eifer und Liebe müssen im ausgewogenen Verhältnis zueinander stehen. *Liebe führt zu Eifer, und Eifer muß immer wieder kontrolliert werden durch die Liebe Jesu.* Wenn wir eifern für die Wahrheit gegen die moderne Theologie — und ich bin ein Eiferer —, Vorsicht, daß ich nicht kalt und ohne Liebe werde! Das kann leicht geschehen bei einem jeden. Die Liebe soll nie kalt werden.

Spricht Jesus zu ihnen: »Kinder, habt ihr nichts zu essen?« *Er weiß sehr genau, daß sie nichts zu essen haben. Er will aber, daß ihnen das wirklich bewußt wird.* Eine sehr harmlose Fragestellung? Nein! Er will, daß sie sehr deutlich spüren: »... ohne mich könnt ihr nichts tun.« Auf ihre Antwort »nein« wird ihnen richtig klar, daß *etwas schief gegangen ist.* Jeder Fischer fängt wenigstens einige Fische. Erst recht im See Genezareth, der so voll Fische ist, fängt ein Fischer wie Petrus immer einige Fische. Die großen Fische im See Genezareth, die man Petrusfische nennt, beißen, das ist kein Witz. Als ich mit meinem Sohn im See Genezareth badete, merkte ich es. Vorsicht vor diesen scheinheiligen Fischen, die den Namen Petrus tragen, sie schmecken sehr gut, aber sie beißen.

Da sprach Jesus zu ihnen: »Werfet das Netz zur Rechten des Schiffes, so werdet ihr finden.« Nun fischt aber in Israel kein Mensch am hellichten Tag. Doch, da Jesus sagte, sie sollten zur Rechten fischen, taten sie so. Er steht zur Rechten Gottes und wird erhört. Da warfen sie und fingen eine Menge Fische. Das bedeutet, wenn wir auf Jesu Befehl etwas tun, werden wir immer Früchte erhalten, manchmal sogar da, wo wir solche überhaupt nicht erwarteten. Im Konfirmandenunterricht, ich nenne das Konfrontationsunterricht, sind Leute angesprochen, bei denen ich das niemals für möglich gehalten hätte. Da werden Leute zu Jüngern Jesu, deren Eltern aus der Kirche ausgetreten sind, total verweltlichte Leute — und plötzlich sind sie dabei. Niemand weiß, wer betroffen wird und wie das geschehen konnte. *Aber eines wissen wir, niemand wird betroffen, wenn nicht wir gerufen sind.* Niemand kann Menschen zum Glauben bringen, der nicht selbst gedemütigt ist durch Gottes Wort und echte Buße getan hat. Man muß selbst gerichtet worden sein durch Gottes Wort und in seinem Lichte stehen. So ist es bei diesen Jüngern. Erst wie sie auf Jesu Wort hören und gehorchen, tun sie einen großen Fang. Es liegt nicht in unseren Händen, es steht bei Gott. So ist es uns hier gesagt.

Er aber sprach zu ihnen: »Werfet das Netz zur Rechten des Schiffes, so werdet ihr finden.« Da warfen sie und konnten's nicht mehr ziehen vor der Menge der Fische. Da sprach der Jünger, welchen Jesus lieb hatte, zu Petrus: »Es ist der Herr.« Da erkannten sie ihn an seinem Wunder bei ihrem eigenen Versagen. Der Weg zum Glauben geht über die Buße zu dem Gekreuzigten. Von uns aus, aus der eigenen Kraft, können wir nichts tun. — Da Simon Petrus hörte, daß es der Herr war, gürtete er den Rock um, denn er war nackt, und warf sich ins Meer. Wann gürtet sich ein Jude? Zu Passah in Erwartung auf den Auszug aus Ägyptenland, auf den Weg zur Befreiung. Er gürtete sich, denn er war nackt. »Nackt kam ich von meiner Mutter Leib, und nackt werde ich wieder dahinfahren.« Nackt bedeutet: er liegt bloß vor dem Herrn. Er ist nicht nur physisch nackt, auch symbolisch. Er gürtet sich mit den Kleidern der Freiheit. Passah ist das Fest der Befreiung. Ein Jude, der das liest, weiß genau, wann wir uns gürten: Wenn wir aus der Gefangenschaft Ägyptenlands geführt werden sollen. Hier wird Petrus herausgeführt aus der Gefangenschaft seines selbstsüchtigen Wesens. Denn er war nackt und warf sich ins Meer, direkt ins Meer. *Daran sieht man vor allem den Eifer des Petrus.* Das ist das Wunderbare an ihm. Petrus ist nicht der intelligenteste der Jünger, aber der wichtigste, nicht der erste Papst, wie die katholische Kirche ihn haben will. Er ist der versagende, sinkende Petrus, der immer wieder lernen muß: Mein Eifer bringt mich nicht ans Ziel, ich muß Christus haben. Dieses drängende Verlangen läßt nie nach.

Sie kennen die Geschichte, wie Johannes und Petrus zum leeren Grab laufen. Sie kommen, um zu schauen was los ist. Johannes ist der vorderste Jünger, er läuft anscheinend schneller als Petrus. Er blickt in das Grab, aber er geht nicht hinein. Warum? Der Tod verunreinigt. Kein Jude geht zu den Toten. Petrus kommt später hin und — schon ist er dort, wo man keinen Juden finden darf, im Grab. Natürlich weiß er, daß er das nicht tun darf. Das ist der Eiferer, der Petrus. Dostojewski hat einmal gesagt, wer nicht bereit sei, »ein Narr« zu werden um Christi willen, sei auch nicht bereit, sein Jünger zu sein.

Ich glaube, wenn wir wirklich zu Jesus stehen, sind wir auch bereit, für ihn ein Narr zu werden. Wir sind bereit, in einem Unterricht, in dem der Lehrer einen Wissenschaftsglauben verkündigt, aufzustehen und zu sagen: »Das stimmt nicht. So steht es nicht in der Bibel.« Wir sind bereit zu kämpfen, weil wir wissen, der Herr Jesus ist mit uns. Wehe dem Menschen, der in solch einer Lage aus Verlegenheit schweigt, der nicht redet, wenn er reden soll. Es gibt eine Zeit zu reden und eine Zeit zu schweigen. Das ist schwere Schuld, wenn wir nicht den Mut haben. Wahre Jünger Jesu haben Mut, er gibt ihn uns. Wehe uns, wenn über Christen oder über Juden Witze gemacht werden, und wir wagen nicht, etwas dagegen zu sagen. Wehe uns, wenn das passiert. Gott gibt uns Mut und Eifer.

Pfarrer Holland, der früher Präsident unserer Synode war, hat einmal zu uns über Paulus gesprochen. Er sagte unter anderem: »Wer hat Paulus im Gefängnis besucht? Nur Juden, denn sie hatten den Mut dazu, kein einziger Christ.« Das ist das größte Problem unserer Kirche heute, daß wir Gläubigen mutlos geworden sind. Die schweigende Mehrheit nennt man bei uns die Pietisten. Warum schweigen wir? Warum haben wir nicht mehr den Mut, für den Herrn hinzustehen? Wenn der Herr für uns ist, vor wem sollen wir Angst haben? So steht es im Alten Testament. Die Juden haben Mut, weil sie Mut haben müssen. Wir müssen lernen, jetzt, am Ende der Tage, mutig zu sein, nicht mit dem Kriegerschwert, sondern mit dem Schwert des Wortes zu kämpfen, das heißt, im richtigen Moment zu reden und im richtigen Moment zu schweigen. (Mir fällt das Schweigen schwerer. Bei den meisten ist das Reden schwieriger. Jeder hat seine Gaben und seine Schwächen.)

»Da spricht der Jünger, welchen Jesus lieb hatte, zu Petrus: Es ist der Herr. Als das Simon Petrus hörte, daß es der Herr war, gürtete er sich mit dem Rock und warf sich ins Meer. Die anderen Jünger aber kamen mit dem Schiff, sie waren bei zweihundert Ellen vom Land und zogen das Netz mit den Fischen.« Sie kümmern sich noch weiter um die Fische. Bei Petrus gibt es nur noch eines, das wichtig ist. Das ist, bei Jesus zu sein. Martha ist immer beschäftigt zu Hause mit allem, was mit Jesus zu tun hat. Aber Maria hört nur auf seine Worte. So ist es hier: Petrus zeigt seine besondere Beziehung zu Jesus. Die anderen sind beschäftigt. Petrus will direkt zu Jesus und nichts anderes.

Ist in den Psalmen von einem Netz die Rede, so heißt das, man sei oder werde verstrickt in Schuld. Rauschgiftsüchtige, die geheilt worden sind durch Christus, lieben die Psalmen sehr, die von den Stricken des Netzes sprechen, die gefangen nehmen. Aber es gibt noch ein ganz anderes Gefangenwerden, Gefangensein, das ist von Gott gefangen als seine Beute (Jes. 9). Wir Christen sind festgehalten von diesem Netz. Es bedeutet nicht »gefangen« im negativen Sinn, sondern im positiven, wir gehören Jesus. Wenn wir Menschenfischer sind, läßt er keinen von uns weg. Es will auch keiner weg, der seine Stimme gehört hat. Jesus bürgt dafür.

»Als sie nun ausstiegen auf das Land, sahen sie Kohlen gelegt und Fische darauf und Brot.« An welchen Text denkt sofort ein Jude und auch ein Christ bei dem Wort Kohle? Nicht: Gartenfest mit Kohlengrill. Aber an Jesaja: brennende Kohlen werden auf seine Lippen gelegt, damit er Zeichenhandlungen rein aussprechen kann. Jesus will auch unsere Unreinheit, unser Versagen, ausbrennen. Sie, die Jünger, hatten alle versagt — auch wir. Er wird ihnen Fisch und Brot zu essen geben. — Wie bei der Speisung der vier- und der fünftausend.

»Spricht Jesus zu ihnen: »Bringet her von den Fischen, die ihr jetzt gefangen habt.« Simon Petrus stieg hinein und zog das Netz auf das Land voller großer Fische, einhundertdreiundfünfzig. Wer großen Wert auf Zahlen legt, wird sich wundern, warum diese Zahl angegeben wird. Es gibt in meinem Jugendbibelkreis einen, der immer schmunzelt, wenn ich hinter jeder Zahl in der Bibel etwas finde. Aber ich sehe die drei mal drei, die heiligste Zahl im Christentum. Eins und fünf und drei macht neun, das drei mal drei beinhaltet. Aber das braucht man nicht unbedingt zu akzeptieren. Sie können es, wenn Sie wollen. — »Und wiewohl ihrer so viel waren, zerriß das Netz nicht.« Jesus hält fest, was zu ihm gehört. Das ist eine große Hoffnung für uns, daß Jesus die Menschen nicht losläßt, die zu ihm gefunden haben. Aber sie müssen sich binden, *entschiedene Christen werden,* ganz und gar dabeisein, dann kommt man nicht mehr los. Das ist das Bild vom Netz. Jesus läßt uns nicht los.

»Spricht Jesus zu ihnen: Kommt und haltet das Mahl.« Das Erlebnis muß in den Leib hinein erlebt werden. Als die siebzig Ältesten der Israeliten und Mose Gott auf dem Berg Sinai erlebten, wie endet dieser Text? Mit der Aussage: ». . . und sie aßen und tranken.« Dieses Mahl beschloß den Bund. War es nicht auch so bei der Einsetzung des Heiligen Abendmahls, dem neuen Passah, der neuen Befreiung? Hier werden sie, die Jünger mit ihrem Herrn, ein Mahl miteinander feiern, das bekräftigt: was ihr erlebt habt mit mir als dem Auferstandenen, das wird jetzt vollzogen bis in euern Leib hinein, wie bei Thomas bis in die Finger. Die Bibel trennt nicht den Körper vom Geist und von der Seele. Alles gehört zum Herrn. Gott will, daß unser ganzes Wesen mit ihm verbunden ist. So ist es mit allem, auch im Sport. Mein Sohn ist im Tennisspielen gut. Als es auf die Stadtmeisterschaft zuging, wurde das Endturnier auf den Sonntagvormittag angesetzt. Da sagte mein Sohn: »Ich gehe am Sonntagvormittag nicht zum Tennisspielen. Der Sonntag ist der Tag des Herrn, ich gehe in den Gottesdienst.« Die Tennisleute haben gewußt, daß das mein Sohn ist. Das Turnier wurde verlegt, und mein Sohn spielte an einem Werktag gegen einen echten Heiden. Der spielte mit Wut gegen den Christen, doch mein Sohn hat in Ruhe in drei Sätzen gewonnen. Alles kann dem Herrn dienen. Alles, was wir tun, was wir haben und sind, kann ein Lobgesang auf den Herrn sein. Luther sagt: »Alles ist Gottesdienst und soll Gottesdienst für uns sein.« Jede Gabe, die wir haben, sollen wir im Sinne Jesu benutzen. Das geht bis in unseren Leib, in unsere ganze Person hinein. Das bedeutet: Alles, was wir haben, und alles, was wir tun, kommt vom Herrn, und wir sollen ihn loben und ihm danken durch diese Gaben. Wir haben einen behinderten Sohn, einen ziemlich schwer behinderten, aber er ist fröhlich, und er ist gläubig. Und gerade diese Fröhlichkeit in seiner Hilflosigkeit strahlt auf die Menschen aus, daß sie spüren, daß er gläubig ist. Mose war ein Stotterer, und er wurde der größte Prophet Gottes. Jede Schwäche, jede Behinderung, die wir haben, kann auch eine Gabe sein. Die Behinderten erwecken Barmherzigkeit in den Menschen, weil sie nichts tun können und nicht aufkommen gegen die Ellenbogenmenschen. Sie erwecken Gottes Liebe in dem Nächsten. Die hilflosen Menschen sind Gottes Ruf an unsere Welt, an unsere herzlose und lieblose Welt. Wir sollen aber auch wissen, daß wir alle behindert sind. Wir sind behindert gegenüber der Sünde und gegenüber dem Tod. Wir sind alle sehr begrenzt. Alles, was wir haben und sind, ist eine Gabe Gottes.

Niemand aber unter den Jüngern wagte ihn zu fragen: »Wer bist du?« Sie wissen es und schämen sich, daß sie wieder ihr altes Leben gelebt haben. Da kommt Jesus, nimmt das Brot und teilt es unter sie aus; dasselbe macht er mit den Fischen. Nun ist die Tischgemeinschaft des Neuen Bundes wieder hergestellt. So dürfen auch wir Tischgemeinschaft mit ihm in seinem Reich haben. Aber zuerst muß die Verbindung mit dem Gekreuzigten hergestellt sein. *Nur wer mit Jesus gekreuzigt ist, wird mit ihm auferstehen. Die Tischgemeinschaft* bestätigt unseren Bund.

Da kommt Jesus, nimmt das Brot und gibt es ihnen, desgleichen auch die Fische. Das ist nun das dritte, das abschließende Mal, womit Jesus sich den Jüngern geoffenbart hat, nachdem er auferstanden war. Und hat er nicht schon vorher dreimal vergebens seinen Jüngern seinen Passionsweg und die Auferstehung vorausgesagt?

Das Problem: Des Petrus Eifer und seine Liebe.

Als nun das Mahl gehalten war, spricht Jesus zu Simon Petrus: »Simon, hast du mich lieber, als mich diese haben?« Eine merkwürdige Frage im *Johannes-Evangelium.* Der Jünger, den Jesus am meisten lieb hatte, ist gerade Johannes. Nun fragt Jesus: »Hast du mich *lieber* als sogar Johannes?«, und das steht im Johannes-Evangelium. Wie beantwortet Petrus diese Frage? Wenn er sagt: »Ich habe dich lieber«, wäre das die richtige Antwort? Das wäre Übermut, das wäre Sünde. Er antwortet nicht so. Er spricht: »Ja, Herr, du weißt, daß ich dich *lieb* habe. Ich will nicht sagen, daß ich dich lieber habe als Johannes, der ist der Lieblingsjünger, der einzige, der bei dem Kreuz stand, nicht aus Glauben, sondern aus Liebe und Pflicht.« Jesus fragt Petrus also: »Hast du mich lieber?« Er antwortet — nicht aus Übermut. Übermut, Übereifer ist sein Problem. Er sagt bescheiden: »Du weißt, ich habe dich lieb.« Spricht Jesus zu ihm: »Weide meine Lämmer.« Warum: zuerst: weide die Lämmer und dann: weide die Schafe? Das bedeutet: Mit dieser ersten Einsichst kannst du einige weiden, vielleicht die, die Kinder im Glauben sind, aber nicht die ganze Herde. — Spricht er zum zweiten Mal zu ihm: »Simon, des Johannes Sohn, hast du mich lieb?« Er antwortete: »Ja, Herr, du weißt, daß ich dich lieb habe.« Jesus fragt nicht mehr: »Hast du mich lieber als alle anderen?«, sondern er merkt, daß Petrus das Problem des Übereifers gesehen hat, daß er zerknirscht und demütig geworden ist. Ein geängstigtes, zerschlagenes Herz will ich haben, steht in Psalm 51. Darauf sagt Jesus: »Weide meine Schafe!« Jetzt geht es nicht mehr nur um Lämmer, sondern um Schafe, das bedeutet alles.

Spricht er zu ihm zum dritten Mal: »Simon, des Johannes Sohn, hast du mich lieb?« Simon wird traurig, daß er zum dritten Mal fragte, und entgegnete: «Herr, du weißt alle Dinge, du weißt, daß ich dich lieb habe.« Spricht Jesus abermals zu ihm: »Weide meine Schafe.« Warum dreimal? Petrus hat Jesus dreimal verleugnet. Glauben Sie niemals, daß die Vergeltungslehre im Neuen Testament zu Ende ist. Das ist eine falsche Schlußfolgerung. Die Vergeltungslehre gehört als Grundlehre zu Gottes Gerechtigkeit. Nun erst ist der Vergebungsprozeß abgeschlossen, daß er dreimal Jesus verleugnet hat. Deswegen muß er sich schämen, vor allem vor Jesus und sagen: »Ich habe dich lieb, ich, der ich dich verleugnet habe.« Jesus sagt nicht: »Auge um Auge, Zahn um Zahn.« Er vergibt, er löscht die Verschuldung aus, wenn wir uns ihm im Glauben nahen, wenn wir an ihn gebunden sind, wenn wir zu seinem Reich gehören. Wer nicht mit Jesus lebt, wird verdammt werden. Der große moderne Dramatiker, August Strindberg, der erst spät in seinem Leben Christ geworden ist, sagte am Ende seines Lebens: »Alles kommt am Ende zu uns zurück« — entweder in diesem Leben, wie bei Petrus, oder wehe, wenn das erst im letzten Gericht passiert. Dort wird alles ans Licht kommen, so steht es in der Bibel, das ist Vergeltung. Lassen wir uns nicht von einer modernen Theologie täuschen, die behauptet, daß Jesus nicht wiederkommen wird; das, was Jesus am Kreuz tat, sei das letzte Wort: Das stimmt nicht, es gibt eine Auferstehung und ein Gericht. Jesus wird richten nach dem Maßstab der Vergeltung. Vergeltung bedeutet hier, ob wir mit ihm gelebt haben oder nicht. Die Gottlosen schwelgen in dieser Welt, so steht es in Psalm 73. Sie leben hoch, sie genießen, sie halten uns für Toren. Aber sie sind auf schlüpfrigem Boden, und sie verlieren alles. Wehe ihnen. Die Verdammnis steht ihnen bevor. Nie dürfen wir sagen: »Das gibt es nicht, das hätte nichts mit der Liebe Jesu zu tun.« Das hat sehr viel mit seiner Liebe zu tun. Seine Liebe ist eine eifernde, brennende Liebe, nicht eine schmalzige Hollywoodliebe.

Die Liebe kommt als zentrales Thema im Alten Testament vor allem im Hosea-Buch vor. Dieses ist eines der härtesten Bücher im ganzen Alten Testament, denn Israel macht Hurendienst mit Baal, und Gott will das natürlich nicht. Will ein Mann, daß seine Frau mit anderen Männern geht, oder eine Frau, daß ihr Mann mit anderen Frauen geht? Gott will das noch viel weniger als wir. Er duldet das nicht. *Er will uns ganz und gar haben.* Seine Liebe ist eine eifernde, brennende Liebe. Er ruft uns ständig. Er gibt nie auf, uns zu rufen. Wenn wir diesen Ruf nicht hören und mit der Welt huren, mit Lust und Freude gegen ihn, dann wird es eines Tages zu spät sein, und wir stehen vor dem Sturz in den Abgrund. Jesus will Gnade üben und nicht Gericht, darum sein Ruf. Das steht deutlich in der Bibel, im Alten wie im Neuen Testament. Wir sollen hier seine Boten sein, daß die Menschen erfahren, daß sie durch Jesus Christus gerettet werden können. Das ist nicht überheblich, sondern genau umgekehrt. Es ist ein Ruf von uns an diese Verlorenen. Es gibt ein Zuspät. Wir sehen das bei Judas.

Dreimal ist Petrus hier vergeben worden. Damit wurde er zurück in die Liebe Jesu gebracht. Er hatte zu sehr aus seinem eigenen Selbstbewußtsein geeifert. *Aber die Liebe ist mehr. Dorthin, zu der Liebe Jesu muß er zurückgebracht werden. Deshalb hatte Jesu dreimal die Frage gestellt: »Hast du mich lieb(er)?«* Petrus hatte eifernd mit Jesus in den Tod gehen wollen. Er hatte im falschen Moment mit dem Schwert ausgeholt und er ging weg vom Kreuz. Die Frage ist, ob Petrus aus Liebe zu Gott eiferte. Das ist in diesem Text entscheidend. Dreimal gefragt, dreimal vergeben, jetzt ist alles ins reine gebracht.

»Was soll *ich* tun, was ist meine Aufgabe?« wird gefragt. Tue Buße! Das ist schon in Psalm 51 zu erkennen. Wir müssen unsere Sünde, unser Problem zuerst mit Gott, dann durch Gott mit uns selbst und dann mit unseren Mitmenschen in Ordnung bringen.

Wir sollen ins reine kommen, und Gott weiß, daß wir das wollen. Das gehört unbedingt zur Vergebung. Wir tragen diese Last, bis wir sie Jesus Christus übergeben können. »Kommet her zu mir, die ihr mühselig und beladen seid, ich will euch erquicken.« Eine rechte Gemeinde ist eine Gemeinde, in der die Leute von ihrer Schuld frei sein wollen. Ein rechter Mensch ist einer, der weiß: ich muß ins reine kommen mit meinem Herrn; mit mir selbst und auch mit meinem Nächsten. Das geht bis ins Fleischliche und Geldliche hinein. »Wahrlich, wahrlich ...«, wenn Jesus anfängt zu reden, weiß ich, daß er etwas sehr Wichtiges zu sagen hat.

»Wahrlich, wahrlich, ich sage dir, als du, Petrus, jünger warst, gürtetest du dich selbst und wandeltest, wo du hin wolltest. Wenn du aber alt wirst, wirst du deine Hände ausstrecken, und ein anderer wird dich gürten und führen, wo du nicht hin willst.« Warum sagt er das? Weil Jesus unser »Papst« ist und nicht Petrus. Wer kann diese Stelle lesen und an einen menschlichen Papst glauben? Petrus kann nicht mehr bestimmen über seine Taten. Er spricht nicht in Vollkommenheit und Unfehlbarkeit. Er muß vor Gott vollkommen nackt sein, das bedeutet: auf keinen Fall sündlos. »Nackt kam ich von meiner Mutter Leib und nackt werde ich wieder dahinfahren.« Das hat mit Erbsünde und Todesstrafe zu tun. Er ist ganz entblößt vor Gott, doch Gott sagt: »Ich gürte dich.« Das erstemal kleidete Gott den Menschen im Paradies nach dem Sündenfall mit einem Tierfell. Nun wird Gott ihn gürten mit dem Zeichen der Befreiung, dem neuen Passah, und das ist Jesu Kreuz. Er wird ihn gürten und ihm die Wege zeigen, die er gehen soll. Denn Petrus soll seine Hände ausstrecken wie ein Blinder, daß Jesus ihn führen kann. Das bedeutet: »Petrus, dein Eifer ist fein. Wenn dein Eifer in meiner Liebe gegründet ist, dann kannst du eifern, aber ich werde bestimmen, wie und wo und wann du eifern sollst, das wird aber immer durch mich, durch meine Liebe kontrolliert.« So ist es im Leben eines jeden Christen. Wir dürfen nicht in heller Begeisterung sagen: »Diesen Ort missionieren wir.« Das wird Leerlauf sein. Erst kommen wir mit leeren Händen vor den Herrn. Wir beten und fragen ihn, und er sagt uns, wo wir hingehen und wie wir hingehen sollen. Er zeigt es uns, er gibt uns Richtung und Ziel. Der Heilige Geist kommt, wann und wo er will. Wir bestimmen nicht über den Heiligen Geist. Die Pfingstbewegung versucht, über den Heiligen Geist zu verfügen mit menschlichen, psychologischen, gruppendynamischen Mitteln. Das ist Sünde. Wir haben nicht zu bestimmen über Gottes Geist. Gottes Geist will über uns verfügen. Er kommt, wann und wie er will (Joh. 3). Wir werden nicht mehr unsere gewohnten Wege gehen, sondern seinen schmalen Weg der Nachfolge und der wahren Mission. Das ist der einzige Weg, der zu Gottes Reich führt.

»Das sagte er aber, um zu zeigen, mit welchem Tod er Gott preisen würde.« Petrus muß nochmals zum Kreuz, weil er weggegangen war vom Kreuz. Hier gibt es nochmals Vergeltung, obwohl die Sache von Gott vergeben ist. Ja, Gott nimmt die Sünde ernst. Alle Jünger gingen weg vom Kreuz außer Johannes, der aus Liebe und Pflicht dablieb. Als man vorhatte, Petrus zu kreuzigen — so wird erzählt —, sagte Petrus: »Ich bin nicht würdig, daß ich gekreuzigt werde wie mein Herr.« Da habe man Petrus umgekehrt gekreuzigt. Wahre Christen gehen mit einem Loblied in den Tod zu ihrem und unserm Herrn wie Stephanus und Petrus. Wir wissen, wenn wir mit Jesus gekreuzigt werden, wenn wir mit ihm sterben, werden wir mit ihm auferstehen. Das ist es, was diese Geschichte uns lehrt. Wir werden mit Christus in seinem Reich sein. Gelobt sei er schon hier in der Zeit und auch in der Ewigkeit! Er ist der Herr, Halleluja! Wir gehen unsere Wege, wir eifern hin und her, wir erleben immer wieder Leerlaufzeiten. Aber er wartet geduldig auf uns. Er zeigt uns unsere falschen Wege, daß wir ohne ihn gar nichts tun können. Er richtet uns neu auf in seiner Liebe und führt uns, wann und wie er will.

STEFAN NICK

BALDUINSMORD

PANDION

Für meinen Vater

Inhalt:

Vorwort 9
Ballade vom Balduinseck 11
Prolog 13
Willkommen im Hunsrück 15
Frühstück mit Folgen 32
Alte Geschichten 39
Geschichtsstunde 53
Abschied von Koblenz 66
Spurensuche 70
Zerstreuung 82
Schnittblumen im Wald 92
In Frankreich 100
Entdeckungen 114
Endspurt 123
Die grünen Hügel 136
Epilog 138

Danksagung 141
Burgruine Balduinseck – was seit 1711 geschah 142
Quellennachweis 144
Der Autor 146

VORWORT
von Joachim Mertes

Eine Mordsgeschichte, dieser Roman von Stefan Nick, über ein Verbrechen an der Burgruine Balduinseck zwischen Buch und Mastershausen im Hunsrück.

Er hat den präzisen Blick auf die lokale Bühne, beschreibt Tat und Lebensort wie ein geübter Reiseschriftsteller. Seine Personen sind lebensnah, mentalitätstreue Widerbilder. Aber der freundlich-düstere Schauplatz hat seine eigene Geschichten und Geschichtchen in 700 Jahren erlebt und ertragen. Diese webt Nick in die Istzeit ein, schmückt damit unsere nüchterne, digitale Welt mit dem Glanz von Sagen, Mythen und eben auch Realitäten.

Das geschieht wie von selbst und doch kunstvoll amüsierend. Phantasie wird aktiviert: vom Toten bis zum vergrabenen Schatz im Schatten der Burg. Wer hat ihn vergraben, wer wird ihn finden? Lassen Sie sich zum Augenzeugen machen: Das liest sich gut. Tun Sie es sich an.

Joachim Mertes
Bürgermeister von Buch-Mörz
Landtagspräsident Rheinland-Pfalz

Ballade vom Balduinseck

Durch kahles Geäst blicken kahle Steine,
scheinbar leblos, trotzig erstarrt.
Einst prächtig, doch jetzt nur noch Gebeine,
Mahnmal der vergänglichen Macht.

Stolz noch immer, Trutzburg geblieben,
auch wenn der Sinn dir heute fehlt.
Jahrhunderte, derer nun sieben
wirst du vom Hunsrücker Wind umweht.

Die Sonne lächelt durch die Fenster,
und treibt ein buntes Farbenspiel.
Hier drinnen sieht nur der Gespenster,
der sie auch wirklich sehen will.

Wer dich besucht, der braucht viel Zeit,
dich richtig zu entdecken.
In deinem ausgedienten Kleid
kann sich so einiges verstecken.

So mögen wir dein Antlitz doch,
trotz bröckelnder Fassade.
Was bleibt von dir, du weisst es auch
ist mehr als Glanz und Farbe.

PROLOG

Ein Specht hämmerte mit seinem Schnabel gegen einen Baumstamm in der frohen Erwartung, eine Made oder einen Käfer aufzuspüren. Der Bach rauschte ruhig durch den Wald und die Singvögel gaben ein buntes Konzert. Die Morgendämmerung ließ erste Lichtstrahlen in das dunkle Tal dringen, doch der Nebel hüllte alles noch in einen unwirklichen Schleier. Es schien ihm genau der richtige Morgen zu sein, um Geheimnisse auszutauschen. Endlich war es soweit und er würde allen Zweiflern zeigen, dass er doch recht hatte. Besonders seinem Bruder, der ihn immer belächelte, würde das Baguette aus dem Mund fallen, wenn er als reicher Mann heimkehren würde. Seine Armbanduhr zeigte fünf Uhr vierzig, als ihn ein gewaltiger Schlag von hinten an den Kopf traf. Taumelnd ging er zu Boden, mit dem Gesicht seitlich nach vorne blieb er auf den feuchten Pflanzen liegen. Er hatte nicht bemerkt, wie sich eine Gestalt von hinten anschlich, mit einem Stein in der Hand und einem erbarmungslosen Ausdruck in den Augen. Das warme Blut floss vom Hinterkopf über seine Wangen und tropfte auf den Waldboden. Er roch noch die Maikräuter und das Ensemble aus verschwommenem Grün vor seinen Augen und dem Gesang der Vögel verwoben sich zu einer surrealen Landschaft, auf der plötzlich ein Film ablief. Er sah sich mit seinem Bruder, als sie noch Kinder waren, seine große Liebe Fabienne, seine Mutter beim Familienausflug, dann wieder seinen Bruder als erwachsenen Mann, seinen Vater auf dem Sterbebett, und so reihte sich Szene an Szene, mal deutlicher, mal wie im Nebel weit entfernt. Das Singen der Vögel wurde leiser, sein Atem flacher, der Film immer undeutlicher. Das Hämmern des Spechtes wurde leiser, bis es in völliger Stille erstarb.

Willkommen im Hunsrück

„Ob man von Koblenz über die Hunsrückhöhenstrasse kommt oder von Rhein oder Mosel eines der romantischen Täler hochfährt, die Wiesen und Felder laden zum Verweilen ein und in den kleinen Städtchen und Dörfern ist im Sommer immer irgendein Fest, wo es deftig nach frisch Gegrilltem riecht.“ (www.hunsrueck-heimat.de)

„Wenn man von Kastellaun kommend links nach Buch abbiegt und weiter Richtung Mastershausen fährt, kommt man an der Ruine der Burg Balduinseck vorbei. Romantisch im Tal gelegen ...“

Er wollte, er wäre nie dieser Beschreibung aus dem Internet gefolgt. Oder er hätte nicht zu viel Kaffee getrunken. Die Leiche roch schon ziemlich übel und es wimmelte von Fliegen. Die Polizei hat Spezialisten, die anhand der Maden an einer Leiche den Todeszeitpunkt genau feststellen können. Wahrscheinlich lag sie schon eine Woche oder länger im Dickicht, unterhalb der Ruine. Er entdeckte sie nur zufällig, da er mal austreten musste und nicht oben auf der Burg oder an der Straße erwischt werden wollte. Also ging er den Weg vom Parkplatz aus etwas weiter in den Wald hinein und hielt sich hinter einer kleinen Brücke rechts. Das Blätterdach ließ einzelne Strahlen der Sonne auf den Waldboden fallen und das Plätschern des nahen Baches verstärkte seinen Drang nach Erleichterung noch zusätzlich. Während er sein Geschäft an einem Strommast in der Biegung des Weges erledigte, roch da etwas merkwürdig. Zunächst dachte er an Pilze, Stinkmorcheln oder Ähnliches. Aber dann sah er die vielen Fliegen. Ein totes Tier, Fuchs, Marder, Wildsau oder Reh war sein erster Gedanke. Rehe tragen aber keine Jeans und auch keine karierten Hemden. Leider. So kam es, dass er zum ersten Mal in seinem Leben eine angemoderte Leiche zu Gesicht bekam. Unwillkürlich sprang er ein paar Meter zurück, rannte den Weg hoch zur Straße und blickte verängstigt um sich. Natürlich war da keiner, und selbst wenn, hätte man sofort erkennen können, dass er mit diesem Verbrechen nichts zu tun hatte, lag diese Leiche doch vermutlich schon länger im Wald. Wieder zuckte er innerlich zusammen. Wieso dachte er sofort an ein Verbrechen? Könnte ja auch ein Unfall oder Selbstmord gewesen sein. Unschlüssig stand er da und überließ sich seinen Gedanken. Es war nicht nur die mittägliche Sonne, die ihm Schweißperlen auf die Stirn steigen ließ.

„Mensch Rainer, in was bist du jetzt schon wieder hineingeschlittert?", hörte er seine Mutter sagen, die nie wirklich verstand, was er eigentlich mit sich und seinem Leben machte. Egal, er verstand es ja manchmal selbst nicht. Genauso schlitterte er hier hinein. Die Flucht vor der Einsamkeit in der Stadt, wo es für ihn keine richtigen Freunde gab, ganz zu schweigen von einer Beziehung, die länger hielt. Eine Woche Urlaub, die Suche nach einer Gegend, die einfach freundlicher zu Menschen war. Vielleicht die Suche nach einem Phantom, die Suche nach Rainer Weingard, 36 Jahre alt, 1,78 Meter groß, braune kurze Haare, etwas untersetzt, Webdesigner, geregeltes Einkommen, keine besonderen Auffälligkeiten.

Die Realität schlich sich wieder in seine Gedanken in Form von Neugier. Neugier ist eine der schlimmsten Untugenden, die es gibt. Sie lässt einen nicht mehr los. Sie bohrt und bohrt und bohrt und ... bis man tatsächlich soweit ist, sich einem widerlichen Anblick, trotz Ekel und Angst, nochmals auszusetzen. Er ging langsam den Weg zurück. All die Krimis und Reality-Crime-Storys schossen ihm durch den Kopf. Anhand seines Urins konnte man beweisen, dass er dort gewesen war. Die Spuren, die er hier beim Gehen hinterließ, irgendwelche Faserspuren seiner Kleidung. Eigentlich war es Wahnsinn, der Leiche nochmals näher als fünfzig Meter kommen zu wollen.

Die Polizei würde schon herausfinden, was es war – Mord, Suizid oder was auch immer. Er könnte es in der Zeitung lesen und müsste eigentlich nicht weitergehen. Umdrehen und zurück zum Auto, ab ins nächste Dorf und dort Alarm schlagen.

Während er so dachte, stand er auch schon wieder dort, wo wenige Minuten vorher jemand an den Strommast gepinkelt hatte. Und es roch immer noch erbärmlich. Er hielt den Hemdsärmel vor die Nase und versuchte, vorsichtig durch das Grünzeug zu kommen. Brennnesseln und anderes Kraut standen schon ziemlich hoch, und da er nicht zu viele Spuren hinterlassen oder vielleicht wichtige verwischen wollte, bewegte er sich wie in Zeitlupe. Der Schweiß rann ihm am Körper hinunter und tropfte von seiner Stirn. Schon wieder DNA-Spuren. Endlich war er so nah an der Leiche, dass er einen langen Blick riskieren konnte.

Der Tote, es war eindeutig ein Mann, lag mit dem Gesicht oder mit dem was davon übrig war, seitwärts nach vorne, in Richtung eines Felsens. Bekleidet war er mit einer Jeans und einem grüngelb karierten Hemd, was Weingard beim ersten Blick schon registriert hatte. Ein großer Stein hatte ihm den Schädel von hinten zerschmettert. Er lag auf dem Bauch. Weingard erschauderte. Hinten aus der rechten Jeanstasche lugte ein kleines Stück Papier heraus. Hatte der Mörder etwas vergessen? Langsam bückte er sich. Vorsichtig zog er an dem Papier, aber es riss an der Ecke ab. Zu feucht, Tau, Regen, wer weiß, wie lange der Tote hier schon lag. Er unternahm einen zweiten Versuch, diesmal mit beiden Händen, weshalb er seine Nase nicht mehr schützen konnte. Mit zwei Händen ging es natürlich leichter und er zog langsam einen Zettel aus der Gesäßtasche.

Dann wurde ihm übel, schwindelig, er musste tief einatmen, was diesem Zustand nicht gerade zuträglich war. Nachdem er einen tiefen Atemzug leichengeschwängerter

Luft in den Lungen hatte, drängte alles aus ihm heraus. Die Luft samt seinem Mittagessen. Er konnte sich gerade noch umdrehen und einen Meter weit dem Weg zulaufen. Er übergab sich am Wegesrand und merkte, wie er am ganzen Körper zitterte.

Langsam ging er zurück zum Wagen, setzte sich hinein und drehte sich, immer noch mit zittrigen Fingern, eine Zigarette. Das brauchte er jetzt, auch wenn er seinen Tabakgenuss einschränken wollte. Während er den Rauch tief einsog und vor lauter Erregung die Kippe heiß rauchte, schaute er sich den Zettel genauer an. Er war unliniert und einmal umgeschlagen. Er faltete ihn auseinander und las, was darauf in großen Druckbuchstaben stand: „Lasalle '45".

Nervös nahm er sein Handy aus der Freisprechanlage – keine Verbindung hier im Tal. Er startete den Wagen und bog vom kleinen Schotterparkplatz mit Bushaltestelle links ab, dem nächsten Dorf zu. Fast wäre er in der scharfen Linkskurve rechts gegen den Fahrbahnrand gekommen, er war zu schnell und zu aufgeregt, um normal zu fahren. Gleich danach kam noch so eine tückische Kurve, diesmal rechts herum. Auf der Geraden dahinter beruhigte er sich ein wenig. Auf dem Ortsschild stand „Mastershausen", gleich rechts war ein Sportplatz, dahinter ein riesiges Gebäude einer Möbelfirma. Bald darauf war links eine Gaststätte: „Pfälzer Stube" – und das im Hunsrück. Er war mal in der Bretagne, da führte jede Kneipe oder jedes Restaurant den Begriff „Bretagne" im Namen. Hier gab es also die „Pfälzer Stube".

Als er geparkt hatte und eintrat, wurde ihm schnell klar wieso. „Hallo, Sie sinn aber schnell de Stroß ennuf geschosse", wurde er vom Wirt in breitem „Pälzä" Dialekt begrüßt. Das Handtuch lässig über der Schulter grinste er dem eintretenden Gast mit einem breiten Schnauzbart an.

„Ein Telefon, ein Bier, was Hartes und einen Barhocker", antwortete Weingard immer noch etwas außer Atem.

„Des Telefon steht do, ein Bier zapp ich gleich an, und was Hartes müsste ma auch haben!“, lachte der Wirt verschmitzt.

Gar nicht zum Lachen zumute, griff Weingard gleich nach dem Telefon. Als er die 110 gewählt hatte meldete sich die Polizeiinspektion Simmern. Nachdem er seinen Namen und Aufenthaltsort genannt hatte, beschrieb er den Fundort der Leiche. Er solle sich nicht wegbewegen und warten, bis die Kollegen ihn vernommen hätten. Sie würden nach Mastershausen kommen. Damit war das Telefonat beendet und der Wirt stellte seinem Gast und sich einen Klaren auf den Tresen.

„Nun erzähle Sie mal, was ist denn do genau passiert am Schloss unne?“

Der Kripobeamte stellte sich mit Schneiders vor. Er reichte Weingard freundlich die Hand.

„Hoffentlich hatten Sie nicht schon zu viel von denen, um den Schreck zu vergessen.“ Er deutete auf die Schnapsgläser.

„Nein, nein, nur zwei und dann hat mir der Wirt freundlicherweise ein paar Brote gemacht. Mein Essen liegt auf dem Waldweg ...“

„Haben wir uns gedacht, dass das von Ihnen war. Kein schöner Anblick – die Leiche meine ich. Aber nun mal der Reihe nach.“

Schneiders war ein ruhiger Typ, wahrscheinlich der, der in den typischen Verhören den guten Bullen spielt. Um die 40, groß gewachsen, durchtrainierter Körper, kurzes dunkles Haar, an den Seiten schon ein wenig grau. Seine graublauen Augen blickten unter buschigen Brauen forschend auf Weingard. Er fuhr seine Befragung fort.

„Herr ... ähm ...?“

„Weingard, Rainer Weingard.“

„Ja, also Herr Weingard, fangen wir am Anfang an. Fürs Protokoll: Voller Name, Wohnort, Beruf und so weiter. Dann:

Woher kamen Sie, was wollten Sie an der Ruine und wie fanden Sie die Leiche?“

Er winkte mit dem Finger einen uniformierten Kollegen herbei, der schnell einen kleinen Block und einen Kuli aus der Jackentasche zog. Erwartungsvoll sah er zu Weingard.

„Mein Name ist Rainer Maria Weingard, geboren am 26. Juni 1964 in Koblenz, wohnhaft Trierstraße 75. Von Beruf bin ich Webdesigner. Internet und so, Sie wissen schon. Ich habe Urlaub und bin so in der Gegend herumgefahren. Die Stadt geht mir auf die Nerven, ich trage mich mit dem Gedanken, vielleicht aufs Land zu ziehen. Mit der heutigen Vernetzung ist es ja kein Problem mehr, von zu Hause zu arbeiten, wenn man in dem Metier beschäftigt ist.“

„Sie sind wann in Koblenz weggefahren?“

„Heute Vormittag, so um elf Uhr. Ich bin durch Emmelshausen, dann weiter auf der Hunsrückhöhenstraße. Irgendwo bin ich noch mal rechts abgebogen nach Schnellbach oder so ähnlich. Als ich in Kastellaun ankam, war es ungefähr dreizehn Uhr, da habe ich in einem Schnellimbiss am Marktplatz ein halbes Hähnchen mit Pommes gegessen.“

„Korrekt, wahrscheinlich beim Porky“, bemerkte der Uniformierte.

„Aus dem Internet habe ich mir ein paar interessante Punkte rausgesucht, die ich mir ansehen wollte. Unter anderem eben auch die Burgruine Balduinseck. Also bin ich dort nach dem Essen hingefahren.“

„Wann war das genau?“, wollte Schneiders wissen.

„So gegen vierzehn Uhr. Zunächst bin ich zur Ruine hoch gegangen und habe mich dort eine Zeit lang umgesehen.“

„War sonst noch jemand dort?“ Schneiders unterbrach Weingards Gedanken, die dieser mühsam gesammelt hatte.

„Nein, ... ich war alleine. Dann musste ich mal pinkeln, wollte das aber nicht oben an der Ruine. Vielleicht wäre ja doch noch jemand gekommen, denn Autos fuhren auf der Straße schon ab und zu. Ich ging also auf den Waldweg, über die Brücke und pinkelte an den Strommast. Dort roch es unangenehm und ich entdeckte die Fliegen."

„Jetzt ganz langsam, denn das ist wichtig für die Spurensicherung! Erzählen Sie Schritt für Schritt." Schneiders war hoch konzentriert, er hatte sich mittlerweile zu Weingard an den Tisch gesetzt und schaute ihm direkt ins Gesicht. Rainer erzählte ihm alles, auch dass er noch mal zurückging, um genauer zu sehen, was da passiert war.

„Das war wichtig, denn wir müssen Ihre Spuren von den anderen aussondern. Unsere Experten brauchen Abdrücke Ihrer Schuhe und Wagenreifen. Haben Sie irgendetwas an der Leiche verändert? Haben Sie sie angefasst oder die Kleidung berührt? Jedes Detail ist für uns wichtig!"

„Nein, ich wollte so schnell wie möglich weg."

„Joh, er kam so gegen halb vier hier an", bestätigte der Wirt die Angaben.

„Moment mal gerade", Schneiders unterbrach kurz, um die Spurensicherung anzurufen. Sie sollten kommen, um die Abdrücke von Weingards Wagen und Schuhen zu machen. Weingard verschwieg den Zettel. Vielleicht hatte er Angst, man würde ihn belangen. Vielleicht dachte er auch, dieser Zettel reiße ihn aus der Lethargie, in die er in den Jahren vor dem Bildschirm gefallen war. Vielleicht dachte er auch gar nicht. Jedenfalls belog er die Polizei, wobei ihn ja niemand nach einem Zettel gefragt hatte. Also nur eine halbe Lüge. Nur halb so schlimm. Wie alles in seinem Leben, nur halb. Wieso ihm jetzt, während einer Befragung der Polizei, nach so einem schrecklichen Erlebnis solche existenziellen Gedanken durchs Hirn gingen, war ihm unbegreiflich. Er hatte eine Leiche entdeckt. Wäre er vielleicht vor einer Woche zufällig an der Ruine gewesen, hätte er eventuell einen Mord mitbekommen. Also was war los mit ihm?

„Tja, vielen Dank Herr Weingard. Fahren Sie heute zurück nach Koblenz?“, fragte Schneiders.

„Nein, ich glaube nicht. Es ist ja mittlerweile schon sechs durch, ich glaube, ich nehme mir hier irgendwo ein Zimmer. Habe ja noch Urlaub und zu Hause wartet keiner auf mich.“

„Gut, halten Sie sich zu unserer Verfügung, also keine Auslandsreise. Sie sind unsere heißeste Spur.“

Er lächelte und Rainer bekam das Gefühl, dass er ihm nicht alles geglaubt hatte.

„Bin ich Ihr Hauptverdächtiger oder Ihr Kronzeuge?“, entgegnete er ironisch.

„Weder noch, aber Sie wissen ja, es tauchen immer noch Fragen auf und Sie waren als Erster am Tatort. Da könnten wir Sie noch brauchen. Ach, noch eine Frage: Haben Sie ein Handy?“

Er notierte sich Weingards Handynummer für eventuelle Rückfragen und dann verabschiedeten sich die beiden Polizisten. Rainer sah durchs Fenster zwei andere Polizisten, die sich an seinen Reifen zu schaffen machten. Er ging hinaus und hinterließ den Schuhabdruck. Nach einer Viertelstunde war alles erledigt und Weingard konnte fahren.

Im Ort gab es zwar auch die Möglichkeit zu übernachten, aber als Koblenz Kneipen-verwöhnter Großstädter zog es Weingard dann doch eher nach Kastellaun. Als er auf dem Weg abermals an der Ruine vorbeikam, lief ihm ein kalter Schauer über den Rücken. Weingard sah den Leichenwagen und einige Polizeifahrzeuge. Er gab Gas. Als er durch Buch fuhr, bemerkte er, dass er viel zu schnell war und drosselte die Geschwindigkeit. Er kam am Restaurant „Zum Balduinseck“ vorbei – hier gab es also ein Restaurant, das nach der Burg benannt war. Erst in Kastellaun beruhigte er sich wieder ein wenig. Auf die Besichtigung der Kastellauner Burg verzichtete er verständlicherweise. Ihm war nach einem Bier, und als er die Reklame des Irish Pubs sah, erinnerte sich Rainer Maria Weingard an die warmen Abende in Killarney, bei Guinness und dem Torffeuer im offenen Kamin. Dabei gute irische Musik und seine Welt war fast wieder in Ordnung.

„Bei allem, was passiert ist, darf man das Genießen nicht vergessen und wenn man so einen Scheiß Tag hatte, lindert ein kühles Bier doch schon ein gutes Stück“, dachte er sich, als er am Supermarkt parkte und auf die andere Straßenseite in den Irish Pub ging. Hinter der Theke stand genug Personal für zwei Kneipen, was auf regen Publikumsverkehr schließen ließ. Rainer nahm an der Theke Platz und bestellte sich sein Pint Guinness, kurbelte sich eine Zigarette und genoss die Atmosphäre. Im Hintergrund lief „Runrig“.

Rainer kannte die Band, deren Sänger eine Zeit lang im schottischen Parlament saß und deshalb nicht mehr viel Neues von der Band zu hören war. Weingard dachte an den Zettel in seiner Hosentasche und hätte ihn zu gerne noch mal angesehen, aber vielleicht wurde er ja überwacht. Schneiders hatte ihm bestimmt nicht alles geglaubt und wer weiß, was seine Spurenleute herausgefunden hatten. Im Grunde könnte er den Zettel wegwerfen. „Lasalle ‘45“ konnte er sich auch noch so ohne Mühe merken.

„Wir haben heute Abend Live-Musik und ich wollte – Entschuldigung – ich wollte Sie nicht erschrecken!“

Die junge Frau hatte ihn aus seinen Gedanken gerissen, und er zuckte unwillkürlich zusammen, als sie ihn ansprach.

„Eh nein, ist schon o.k., ich war gerade woanders ...“, stammelte Weingard.

„Wir haben Live-Musik und das kostet fünf Euro Eintritt heute Abend“, lächelte ihn die hübsche junge Bedienung an. Ihre langen dunkelblonden Haare hatte sie zu einem Pferdeschwanz zusammengebunden und ihr gewinnendes Lächeln erinnerte Rainer an bessere Zeiten.

„Wer spielt denn?“, fragte er, ohne die Hoffnung zu haben, den Namen jemals gehört zu haben. Es gibt einfach zu viele Musiker, auch richtig Gute, die durch die Pubs tingeln.

„Paddy Schmidt."

„Na, das ist ja ein Ding", entgegnete Weingard. „Der Paddy Schmidt von ‚Paddy Goes To Holyhead'?"

„Ja, genau der, aber er spielt heute Abend solo", antwortete die hübsche Blonde und nahm den Fünf-Euro-Schein entgegen, den Weingard ihr hinhielt.

Er kannte die Gruppe, die in den 90ern einige beachtliche Erfolge verbuchen konnte. Vom Radiosender SWR 3 ein wenig hochgepusht, kamen ein paar Songs in die Radiocharts und ‚Paddy Goes To Holyhead' spielte vor ausverkauften Hallen. Dann wurde es ruhiger um die Gruppe, sie trennte sich und Paddy Schmidt zog solo durch Deutschland.

Schnell hatte Weingard das erste Guinness leer und ein zweites folgte. Der Pub hatte sich gefüllt und Paddy Schmidt war nach einigen irischen Gassenhauern bei seinen eigenen Liedern angelangt. Nur mit Gitarre und Mundharmonika spielte er die alten Stücke unplugged, die aber nichts von ihrer Authentizität eingebüßt hatten.

Ob er das Antikriegsstück „Johnny went to the war" oder „Here's to the people" zum Besten gab, Weingard war begeistert. So vergingen noch ein paar Guinness und zum Glück gab es im Pub auch etwas zu essen. Er aß ein Schinken-Käse-Baguette und danach fühlte er sich wunderbar. Richtig schön dreiviertel besoffen, satt und bald irgendwann müde. Er wusste nicht, zum wievielten Male er an diesem Tag erschrak – er hatte ja gar keine Bleibe. Im Auto war noch eine Decke und jetzt im Frühling war es schon richtig warm, nur nachts eben nicht. Aber mit der Decke würde es gehen, er würde im Golf übernachten.

„Schade, dass er eine Pause macht, nicht wahr?"

Das Fräulein zwei Hocker weiter sah ihn an und grinste. Sie war Rainer im Laufe des Abends schon mehrmals aufgefallen. Nettes Lächeln, offene Art, kein Kerl dabei, nur zwei andere Mädels. Zu einem anderen Zeitpunkt hätte er sich sicherlich schon eher mit ihr beschäftigt. Er war einfach zu sehr in seinen Gedanken und dem Geschehenen gefangen. Aber wer lässt sich nicht gerne so charmant befreien?

„Na ja, gönnen wir dem Sängerknaben mal eine kleine Verschnaufpause, er hat bestimmt auch Durst. Apropos, was trinken Sie?"

„Guinness, aber ein kleines", antwortete sie.

Weingard bestellte zwei Kleine, wollte er doch nicht später durch den Verlust der Muttersprache negativ auffallen.

„Rainer", er hielt ihr die Hand hin.

„Doro, eigentlich Dorothea, aber für meine Freunde Doro!"

Sie gab ihm sofort die Hand und es war ein echter Händedruck, nicht so ein lasches lauwarmes Händchen, wie man es zuweilen bekommt.

„Dau bist äwa nit von lo?" Jetzt testete sie Rainer aus. Natürlich verstand er nicht, was sie wollte, und outete sich als Nicht-Ortsansässiger.

„Wie bitte? Was bin ich?"

„Du bist aber nicht von hier, stimmts?"

„Nein, ich bin aus Koblenz, bin hier mehr oder weniger geschäftlich unterwegs", log er. Rainer konnte ihr doch nicht die ganze Geschichte erzählen, zumal er froh war, an etwas anderes denken zu können.

„Aber mir gefällt es hier sehr gut. Und wo ein Irish Pub ist, bin ich sowieso zu Hause."

Rainer wollte das Gespräch in eine andere Richtung lenken. Sicherlich fiel es ihm heute Abend leichter, über die Cliffs of Moher zu schwärmen als über die Balduinseck. Paddy Schmidt nahm wieder seinen Platz ein und stimmte „Whiskey in the Jar" an. Um weiter im Gespräch mit der, wie er fand, liebreizenden Doro zu bleiben, setzte sich Rainer näher zu ihr und sie lächelte wieder. Ihr braunes Haar fiel über ihre Schultern, sie hatte über ihren grünen Augen nur den Hauch von Make-up. Ihr jugendliches Lächeln ließ zwei Grübchen auf ihren Wangen entstehen. Rainer versuchte ihr Alter zu schätzen, vom Aussehen her schien sie noch relativ jung zu sein, aber ihr Verhalten ließ auf eine gewisse Reife schließen. Er unterhielt sich, so gut es in der Lautstärke ging, mit ihr. Dabei konnte er in Erfahrung bringen, dass sie als Heilerziehungspflegerin in einem Heim für psychisch Kranke arbeitete. Keine leichte Aufgabe, dachte er sich.

Dann brachte er die Unterhaltung auf sein Lieblingsthema, nämlich Irland. Er fragte Doro, ob sie schon mal in Irland gewesen war, das sei doch relativ billig vom Hahn aus. Rainer schwärmte ihr noch ein paar Guinness lang von der irischen Seele vor und von den unendlich grünen Hügeln, die ebenso schön grün seien wie ihre Augen.

Paddy Schmidt hatte längst sein traditionell letztes Lied „A last song" gesungen, und eine Stimme sagte etwas von Feierabend und dass es jetzt nichts mehr zu trinken gäbe, was Rainer partout nicht glauben wollte. Eine lachende Doro zog ihn mit vor die Tür. Benebelt wie er war, wartete er darauf, dass sie ihn fragen würde, ob er nicht bei ihr nächtigen wolle. Doch es kam, zum Glück für ihn, anders.

„So, ich muss jetzt heim, bin tierisch müde. War schön mit dir zu plaudern, morgen bist du bestimmt weg. Schade eigentlich ..."

„Och, ich bin morgen noch nicht weg, so schnell bin ich nicht weg. Und wenn ich weg bin, bin ich schnell wieder da. Habe ich dir eigentlich schon von den grünen Hügeln ..."

„Ja, hast du, Rainer. Wo schläfst du?"

„Na im Auto ... Generation Golf."

Sie brachte Rainer auf die andere Straßenseite, half ihm beim Aufschließen des Wagens, holte die Decke aus dem Kofferraum und deckte ihn noch zu. So viel Fürsorge hatte er seit seiner letzten Grippe nicht mehr erfahren, und das war drei Jahre her. Sanft schlummerte er ein, er bekam gerade noch mit, dass Doro die Türe schloss und ihm eine gute Nacht wünschte.

„Schade, dass der Kerl so viel getrunken hat, vielleicht aber auch ganz gut so, ich konnte ihn auf diese Art besser loswerden“, dachte sich Doro, als sie zu Hause im Bad vor dem Spiegel stand und sich die Schminke abwischte.

Eigentlich wollte sie heute Abend gar nicht ausgehen, aber zwei Kolleginnen hatten sie dazu überredet: Live-Musik im Irish Pub, tolle Sache, macht Spaß und so weiter. In Wirklichkeit wollten die beiden Doro aus ihrem Schneckenhaus herauslocken, in das sie sich seit einiger Zeit verkrochen hatte. Aber es hatte funktioniert. Früher war sie öfter mal im Pub gewesen, aber in der letzten Zeit hatte sie sich doch arg zurückgezogen.

Und nun hatte sie diesen Vertreter oder was er auch immer war, kennengelernt und er hatte so schön über Irland geschwärmt. Irland, da wollte sie immer mal hin und jetzt stand ihr Entschluss fest: Der nächste Urlaub geht auf die grüne Insel. Im selben Moment beschloss Doro am nächsten Morgen ein paar Brötchen mehr als sonst zu besorgen. Irgendwie erheitert schlief sie ein.

Konstantinopel, im Mai 1204

Der Ritter lief eine der vielen kleinen Gassen hinunter, die zum Hafen führten. Sein Schwert hing schwer in der Scheide und das Kettenhemd hinderte ihn daran, schnell voranzukommen. Überall lagen leblose Körper herum, verstümmelt, entstellt, abgeschlachtet.

So hatte er sich den edlen Kreuzzug nicht vorgestellt, als er sich mit den anderen Rittern und etlichem Gefolge im Jahre des Herren 1202 in Venedig einschiffte. Den Ungläubigen das Grab Jesu entreißen, eine heilige Tat vollbringen, das war sein Ziel. Doch in all dem Blut, das jetzt die Straßen von Konstantinopel tränkte, war nichts Heldenhaftes, nichts Ehrenvolles mehr zu finden. Sie waren selbst zu Barbaren geworden, er und die vielen Kreuzritter. Zu Marionetten der reichen Venezianer. Zuerst mussten sie Zara angreifen, um die Schulden des Kreuzfahrerheeres bei den Venezianern begleichen zu können. Widerwillig war er den Befehlen gefolgt. Dann sollte es nach Kairo gehen, aber die Schiffe nahmen Kurs auf Konstantinopel. Wieder so ein Trick aus Venedig. Und jetzt wurde die Stadt gebrandschatzt, Christen getötet.

Dass die Kreuzfahrer von Papst Innozenz III. exkommuniziert wurden, konnte gerade noch einmal rückgängig gemacht werden, aber verdient hätten sie es gehabt. So empfand er es wenigstens, er, den sie den Bauernritter nannten und mit Hohn und Spott bedachten. All sein Geld hatte er für die teure Rüstung ausgegeben. Natürlich rechnete auch er mit den Reichtümern des Orients, die ihn entschädigen sollten – neben der Vergebung aller Sünden das Reizvollste bei einem solchen Unterfangen.

Doch was er hier zu Gesicht bekam, war nicht der ehrliche Kampf gegen ebenbürtige Gegner. Hier wurde jeder zum Opfer, der sich sehen ließ. Frauen wurden vergewaltigt, ihre Kinder erschlagen, die Männer getötet. Und alles wurde geplündert. Alles, was zu fassen und zu raffen war. Die Kirchen, die Häuser, die Paläste, einfach alles. Und dabei waren sie erst in Konstantinopel, zugegeben einer Stadt abtrünnig vom Glauben Roms, aber dennoch lebten hier mehr Christen als Muselmanen. Was wollte man denen denn noch antun, sollten sie jemals Jerusalem erreichen?

Er blieb außer Atem stehen, sah sich um, ob ihm keiner gefolgt war. Zum Glück war er allein in der kleinen Gasse. Es roch verbrannt, überall loderten Feuer in der einst so mächtigen und reichen Stadt. Er musste den Hafen erreichen, um mit einem der Versorgungsschiffe zurück nach Venedig zu kommen. Die Italiener würden ihn schon mitnehmen. Auf der Hinfahrt hatte ihm sein niedriger Rang schon den einen oder anderen Vorteil verschafft. Beim gemeinen Volk waren die hochnäsigen Ritter nicht so gut angesehen. Aber er, der Bauernritter, hatte ein gutes Verhältnis zu den Seeleuten und den anderen niederen Rängen im Gefolge der Heerführer.

Wenn er nur den Hafen erreichen und hier wegkommen könnte, dann wäre er in einigen Wochen wieder auf den Höhen seiner Heimat. Das kleine Dorf, sein gut befestigter Hof, natürlich keine Burg, aber ein großer Hof mit einem Holzwall und einem großen Wohnhaus. Seine Frau und die Kinder wären sicher froh, ihn wieder da zu haben. Wie hatte Emilie geschimpft, als er sich dem Kreuzzug anschloss. Nur um denen in Trier zu beweisen, dass einer aus dem Hunsrück auch im Heiligen Land kämpfen konnte. „Mit den großen Hunden pissen wollen, aber das Bein nicht so hoch kriegen", pflegte sie immer zu sagen. Also musste er es ihr erst recht beweisen. Doch das, was jetzt hier geschah, hatte mit dem, was er erwartet hatte, rein gar nichts mehr zu tun.

Langsam ging er weiter und kam zu einer Ecke, von wo er einen Platz überblicken konnte. Das gleiche Bild wie überall in der Stadt: Tote lagen in ihrem Blut, ein Haus brannte und drohte seine Nebengebäude mit den verheerenden Flammen anzustecken, die wie eine Seuche alles infizierten, mit denen sie in Berührung kamen. Er war alleine, und wenn er jetzt dem Feind in die Hände fiel, war es um ihn geschehen. Also schlich er an der Häuserfront vorbei, die noch nicht brannte, und achtete stets darauf, ob sich noch jemand auf dem Platz befand, der nicht tot war. Er ging gerade an einem am Boden liegenden Kreuzritter vorbei, da wurde er am Fuß festgehalten. Ein furchtbarer Schreck durchlief ihn und er zog instinktiv sein Schwert. Er schaute sofort nach unten. Der Ritter sah ihn aus einem blutverschmierten Gesicht an und ließ seinen Fuß los.

„Non, non, aidez-moi, frère!“

Er erkannte, dass dieser Halbtote ihm kaum gefährlich werden konnte, außerdem kämpften sie auf der gleichen Seite. Als er sein Schwert zurückgesteckt hatte, kniete er sich zu dem Ritter hinunter.

„Wer seid Ihr? Nom, toi, ton nom?“

Auf dem Hunsrück lernt man keine anderen Sprachen und ein wenig Italienisch und Französisch hatte er auf der Überfahrt gelernt. Er versuchte es mit einem Mischmasch aus beiden Sprachen und kam meistens damit durch.

„Je suis le comte de Mouries, Français, comprends-tu? Chevalier.“

Ein französischer Ritter. So einer hätte mit ihm früher nicht geredet, höchstens Befehle ausgegeben, aber nicht geredet.

Er sah, dass der Franzose nicht mehr lange zu leben hatte.

Immer wieder fielen seine Augen zu und er atmete schwer.

„Je le Chevalier Wolfram de Buch. Allemands, tedesco. Je aller port.“

Und dabei deutete er auf sich und machte mit den Händen die Bewegungen von Wellen nach.

„Ah, deutsch Ritter, bon homme! Prends ici le petit sac! Du hole! Gehe schnell! Vite vite! Je meurs. Je, je ...“ weiter kam er nicht mehr. Er atmete noch einmal durch und war tot.

Wolfram von Buch besah sich das Säckchen, das ihm der

Franzose in die Hand gedrückt hatte. Er war schon viel zu lange auf diesem Platz. Die Flammen hatten mittlerweile schon weitere Häuser angesteckt und langsam wurde es hier gefährlich. Ohne in das Säckchen zu sehen, steckte er es ein und machte sich schnell auf den Weg zum Hafen.

Frühstück mit Folgen

*„Speise morgens wie ein Kaiser,
mittags wie ein König und abends wie ein Bettler."
(Altes Sprichwort)*

Es klopfte ans Wagenfenster, der Nacken schmerzte Rainer so, als hätte jemand versucht, ihm den Kopf abzuschrauben. Völlig orientierungslos blinzelte er in einen neuen Tag, der eigentlich nur noch besser werden konnte. Dann raschelte etwas, das sich als Brötchentüte entpuppte, und eine freundliche Stimme rief:

„Aufstehen! Es ist Frühstückszeit!"

Doro stand vor dem Wagen und lachte Rainer an, aus oder was auch immer, aber sie war da und ihm wurde richtig warm ums Herz. Er schälte sich aus seinem Golf, tat ein paar unbeholfene Schritte in den jungen Morgen und streckte sich ausgiebig. Er blinzelte in die Morgensonne, während er Doro noch fast gähnend fragte:

„Du bist ja 'ne Marke! Hast du auch Kaffee mitgebracht?"

„Den gibt es jetzt bei mir, ich wohne nur ein paar Meter von hier", antwortete sie einladend.

„Na denn mal los, ich glaube, ich brauche einen richtig Kräftigen heute Morgen."

„Ja ja, die grünen Hügel und das Guinness ...", sagte sie und Rainer fiel ein, dass er gestern Abend ganz schön losgelegt hatte. Aber nicht ohne Erfolg oder wie hatte er die Einladung zum Frühstück zu bewerten? Sie gingen vom Parkplatz aus auf die andere Straßenseite und dann hinter der Stadthalle ein paar Treppen hinunter und durch eine kleine Gasse. Dann überquerten sie wieder eine Straße und waren im restaurierten Altstadtbereich unterhalb der Kastellauner Burg.

Rainer fiel auf, wie schön alles renoviert war, eine gemütliche kleine Stadt, wie er fand. An einem Hauseingang neben einem Dritte-Welt-Laden hielten sie an und Doro zückte ihren Schlüssel. Sie gingen in den ersten Stock und betraten die Wohnung. Es duftete schon lecker nach Kaffee und in der kleinen Küche war der Tisch liebevoll für zwei Personen gedeckt. Sogar Blumen standen auf dem Tisch. Die frischen Brötchen rochen verführerisch und bei Tageslicht war Doro noch hübscher als am Abend zuvor im Pub, dachte Rainer bei sich. Sie hatte ihre langen braunen Haare zu einem Pferdeschwanz zusammengebunden, was ihr schmales Gesicht noch mehr betonte. Was ihn aber am meisten faszinierte waren ihre grünen Augen, die ihn gerade so ansahen, als könnten sie seine Gedanken lesen.

„Setz dich schon mal hin, ich hole den Kaffee."

„Wunderbar, womit habe ich das nur verdient?", fragte er mehr sich selbst als Doro.

„Vielleicht mit deiner Beschreibung der grünen Hügel ...", antwortete sie und schenkte ihm eine Tasse Lebenselixier ein.

„So, und jetzt erzähl mal, was du wirklich hier zu suchen hast. Wie ein Vertreter siehst du nämlich nicht aus."

Das schmeichelte Rainer, denn wer will schon wie ein Vertreter aussehen? Ihre direkte Art brachte ihn jedoch in Erklärungsnöte, also versuchte er es mit der halben Wahrheit. Was an der Ruine geschehen war, brauchte er ja nicht zu erwähnen. Während sie frühstückten, erzählte er Doro von seiner trostlosen Wohnung in Koblenz und dem Wunsch nach Veränderung. Natürlich fragte sie nach seiner Frau oder Freundin, womit er zurzeit nicht dienen konnte. Ebenso wenig wie mit guten Freunden. Vor einem halben Jahr sah das noch ganz anders aus – auf den ersten Blick. Beim zweiten sah Rainer, dass hinter seinem Rücken mehr vorging, als ihm lieb war. So verlor er seinen besten Freund an seine Lebensgefährtin oder war es anders herum? Was spielte das jetzt noch für eine Rolle? Jetzt, wo er mit der bezaubernden Doro am Kaffeetisch saß und leckere Hunsrücker Brötchen aß.

„Und du?“, fragte er fordernd, „welchen Streich hat das Schicksal dir gespielt, dass du samstagmorgens wildfremde Männer zum Frühstück einlädst? Eine hübsche junge Frau wie du sollte doch einen strammen Hunsrück-Bauern zur Seite haben.“

„Bauern gibt es hier nicht mehr viele, außerdem ist nicht jeder Landbewohner gleich ein Bauer. Ihr Stadtmenschen seid manchmal ganz schön eingebildet.“ Sie war tatsächlich ein wenig wütend.

„Tut mir leid, so war das nicht gemeint, ich wollte halt was Lockeres sagen, um meine indiskrete Frage zu tarnen. Ging daneben“, entschuldigte er sich.

„Was soll's“, dachte Doro, „warum soll ich ihm eigentlich nichts davon erzählen. Wenn er bleibt, sprechen wir eh drüber, wenn nicht, sehe ich ihn nie wieder.“ Sie gab sich einen Ruck:

„Er war wirklich Landwirt, hier in der Gegend.“

„Und?“

„Für ihn war sein Mähdrescher wichtiger als unsere Beziehung. Immer nur das Gerede von Treckern, Motoren und so weiter. Es war sehr einseitig und irgendwann eben vorbei.“

Sie schwiegen eine Weile und jedem gingen alte Bilder durch den Kopf.

Rainer ging in Gedanken die Frauen durch, mit denen er bisher liiert gewesen war. Damals auf der Schule mit 16 oder 17 Jahren war er unsterblich verliebt in Marina, die hatte aber einen anderen, einen älteren Freund. Nie kam er nah genug an sie heran. Dann war er mit Gitte zusammen, einer „Alternativen“, die sich ihr Müsli selbst schredderte und als Au-pair nach Paris ging. Es folgten noch zwei oder drei andere Liebschaften, die stets damit endeten, dass sich die Damen eine vermeintlich bessere Partie angelten. Nur mit Karin, seiner letzten Freundin, war es anders – dachte er. Sie waren schon vier Jahre zusammen, bevor er merkte, welches Spiel sie und sein Kumpel Olaf spielten. Das war letztendlich der Auslöser zu seiner unseligen Fahrt in den Hunsrück, die nun wieder eine ganz neue Wendung zu nehmen schien.

Doros Gedanken schweiften in eine andere Richtung ab: Sie dachte an ihre Eltern, an den Unfall und an ihre Großmutter, die sie aufgezogen hatte. Dann schaute sie zu Rainer, der anscheinend in Gedanken versunken den Blumenstrauß hypnotisierte. Wenn sie die Chance hätte, diesen netten Menschen näher kennenzulernen, würde sie sie nutzen. Das Schicksal hatte sie beide zusammengebracht, wer weiß, was es noch parat hielt.

Rainer bemerkte Doros Blick und erwachte aus seinem Tagtraum. Nicht nur um die Stille zu durchbrechen, fragte er schüchtern: „Wenn es möglich ist, würde ich mich gerne etwas frisch machen."

„Da hinten ist das Bad, frische Handtücher liegen im Regal. Kannst ruhig duschen, ich habe allerdings kein herb-männliches Duschgel." Sie war wieder zu Späßen aufgelegt.

„Kein Problem, ich nehme im Notfall auch Kernseife."

Während Doro anfing, den Tisch abzuräumen, ging Rainer ins Bad. Er fand direkt etwas zum Einschäumen, was nicht nach Kernseife roch, und stieg in die Dusche. „Wenn einem nach so einer harten Nacht das Wasser über den Körper fließt", dachte Rainer, „nimmt es alles mit. Alles wird fortgespült, der Kneipengeruch, der Schweiß, ja selbst manchmal die geilen Gedanken." Das war jedoch heute nicht nötig. Die Tür öffnete sich leise und der Duschvorhang schob sich langsam zur Seite. Rainer blinzelte aus dem Wasserschwall hervor und sah Doro. Langsam trat sie zu Rainer unter den Wasserstrahl. Wer jemals eine Raubtierfütterung miterlebt hat, der weiß, was Hunger bedeuten kann. Doro und Rainer hatten Hunger. Hunger nach Zärtlichkeit, Hunger nach Hingabe, Hunger nach Liebe, Hunger aufeinander. Nach der ersten stürmischen Umarmung gaben sie sich ihrem Menü hin, mit Vorspeise, Hauptgang und selbstverständlich einem großen Nachtisch. Rainer hatte das Gefühl, genau darauf sein Leben lang gewartet zu haben. Sie wechselten vom Bad in Doros Schlafzimmer und schliefen irgendwann ein.

Als Rainer aufwachte, war es schon Mittag. Doro war unter der Dusche und er dachte wieder an das, was er so gut verdrängt hatte in den letzten Stunden. Eine Zeitung wäre nicht schlecht. Vielleicht steht etwas über die Leiche drin. Er fragte Doro nach einem Kiosk oder einer anderen Möglichkeit, eine Zeitung zu kaufen. Außerdem war sein Tabak auf ein paar Krümel reduziert. So beschloss er, zur nächstgelegenen Tankstelle zu gehen, wo er fündig wurde. Auf der Titelseite war ein kurzer Hinweis auf den Bericht im Innenteil: *„Mysteriöser Leichenfund an der Burgruine Balduinseck“* Er kurbelte sich eine im Gehen und rauchte hastig. Kaum war er wieder in Doros Wohnung, setzte er sich an den Küchentisch und las den Artikel.

Der Tote hatte Papiere bei sich und hieß Marcel Dechambre, französischer Staatsbürger und 32 Jahre alt. Gewohnt hatte er in Fontvieille, im Süden Frankreichs. Was er hier in Deutschland und dann auch noch an so einem eher abgelegenen Ort zu suchen hatte, war der Polizei ein Rätsel. Immerhin wurde dadurch, wenigstens für Rainer, der französische Name „Lasalle“ vom Zettel des Toten etwas logischer. Gefunden worden war die Leiche von einem Tagestouristen aus Koblenz. Na, zum Glück kein Name.

Versunken in die Zeitung und seine Gedanken hatte er nicht bemerkt, dass Doro schon eine Zeit lang hinter ihm stand.

„Was ist denn da passiert?“, fragte sie erstaunt

„Eine Leiche, am Balduinseck.“

„Du bist ja ganz blass, was ist los mit dir?“ Sie streichelte Rainer über die Schultern.

„Da wurde eine Leiche gefunden, ein Franzose“, gab er tonlos zurück.

„Das ist doch nicht das erste Mal, dass du in der Zeitung liest, dass ein Toter gefunden wurde."

Sie nahm die Zeitung vom Tisch und überflog den Bericht. „... von einem Tagestouristen aus Koblenz."

Sie hielt inne und nach einer kurzen Pause, die Rainer endlos lang vorkam, stieß sie hervor:

„Das warst du, nicht wahr?"

„Ja, das war ich."

„Meine Güte, warum hast du mir nicht davon erzählt? Du frühstückst hier, schläfst mit mir und kommst nicht auf den Gedanken, mir zu erzählen, was da gestern passiert ist. Welche Abgründe tragt ihr Männer eigentlich in euch? Hast du etwa was damit zu tun? Kanntest du den Mann? Ist ja auch ungewöhnlich, von Koblenz hierherzukommen, nur um ein wenig in einer Ruine umherzustreifen. Und ich Trampel falle darauf rein. Verstecke ich einen Mörder oder was?"

Nun war sie auf 180, sprang auf und griff nach einem großen Küchenmesser.

„Jetzt beruhige dich doch, ich bin kein Mörder. Ich kannte den Toten nicht, ich habe dich nicht belogen. Ich wollte einfach nicht mehr daran denken. Es war kein schöner Anblick und ich kannte dich doch gar nicht. Sollte ich dir im Pub so eine Räuberpistole auftischen? Und heute Morgen hatte ich es total verdrängt."

Sie legte das Messer wieder weg, schaute Rainer kritisch an und meinte: „Na dann erzähl mal! Aber bitteschön alles!"

Als er geendet hatte, blieb ihr kritischer Blick auf ihm kleben und ihre grünen Augen hatten etwas Durchdringendes, dem Rainer nicht standhalten konnte.

„Da war noch was", fuhr er fort. „Ein Blatt Papier, eher ein Zettel, der dem Toten hinten aus der Jeans lugte. Ich habe ihn an mich genommen, weiß der Geier warum."

„Und der Polizei hast du nichts davon gesagt?"

„Nein, ich weiß nicht warum, aber ich konnte nicht."

„Was steht auf dem Zettel?“

„Nur ein Name und eine Zahl, eventuell eine Jahreszahl: Lasalle ‘45“

„Dat gittet doch nit!“, entglitt es Doro.

„Was?“, fragte Rainer nach.

„Das gibt’s doch nicht – Lasalle, den Namen habe ich schon mal irgendwo gehört.“

Alte Geschichten

„Jetzt aber still, ihr wisst, dass man beim Heben eines Schatzes kein Wort sprechen darf! Also denkt daran.“
(Mastershausen – Geschichte einer Gemeinde, S. 135)

„Wir fahren zu Oma Liesel“, bestimmte Doro, „die weiß, was da früher los war. Ich habe als Kind immer den alten Geschichten gelauscht, wenn die Erwachsenen sich bei irgendwelchen Festen unterhalten haben. Der Name Lasalle ist mir im Kopf geblieben, da war mal was mit einem toten Soldaten und der Militärverwaltung. Ich weiß es aber nicht mehr so genau. Aber Oma Liesel wird es wissen!“

„Na dann auf“, erwiderte Rainer voller Tatendrang.

Wenn er gewusst hätte, dass Oma Liesel in Mastershausen wohnte, wäre er sicher nicht so euphorisch losgezogen. Als sie an der Burg im Tal vorbeifuhren, wurde ihm wieder ganz schummerig im Bauch. Aber es verging schneller, als er dachte, und als sie bei Oma Liesel auf dem Hof anhielten, war er schon wieder ganz in froher Erwartung.

Oma Liesel wohnte in einer Seitenstraße in einem einfachen und sehr alten Fachwerkhaus, das man nicht, wie so oft, mit seltsam hässlichem Klinkerimitat zugeklebt hatte. Im Vorgarten blühte wilde Akelei neben zwei gepflegten Rosenstöcken. Doro musste zwei Mal schellen, da kam von der Hinterseite des Hauses eine alte Dame langsam über einen Gartenweg herangeschlurft. Sie trug die übliche Kittelschürze, hatte die grauen Haare zu einem Dutt zusammengebunden und lachte bis über beide Backen, als sie Doro sah.

„Ja mein Kindchen, kommst du deine alte Oma auch mal wieder besuchen. Wir haben uns ja mäggalisch lange nicht mehr gesehen.“

„Hallo Oma Liesel, wie geht's dir?“, antwortete Doro.

Die alte Dame putzte sich die Finger an der Schürze ab und umarmte Doro herzlich. Ihr runzeliges Gesicht strahlte vor Freude.

„Gut geht es mir, nur meine Ohren wollen nicht mehr alles hören. Und du, wen hast du denn mir da mitgebracht?“

„Das ist Rainer, ein guter Freund. Wir müssen mal mit dir sprechen, du sollst uns was von früher aus dem Krieg erzählen.“

Artig gab Rainer Oma Liesel die Hand und begrüßte sie. Sie gingen in die Wohnung, die wie ein sauber aufgeräumtes Museum schien. Einzig der Fernseher im kleinen Wohnzimmer und der Elektroherd in der Küche zeugten von modernen Zeiten. Oma Liesel kochte Kaffee, natürlich frisch aufgebrühten „guten Bohnenkaffee“.

„Auch so ein Relikt aus vergangenen Tagen“, dachte Rainer, „guter Bohnenkaffee. Was anderes gibt es doch heute gar nicht mehr zu kaufen. Aber in der ‚schlechten Zeit’ war das ein fester Begriff.“ Oma Liesel kochte jedenfalls Kaffee, während Rainer Doro verstohlen verliebte Blicke zuwarf. Sie lächelte zurück und er fühlte sich zu Hause. Ein Gefühl des Angekommenseins nach langer Reise durchflutete Rainer und Oma Liesel blieb sein Honigkuchengrinsen auch nicht verborgen. Doro holte Tassen aus dem original 50er-Jahre-Küchenschrank und nun setzte sich auch Oma Liesel zu ihnen.

„Wo kommen Sie her?“, fragte sie Rainer. Er antwortete und setzte noch hinzu, dass er „in Computern mache“. Das sollte als Information fürs Erste reichen.

„Weshalb wir kommen, Oma, erzähl doch mal die Geschichte, wie das mit dem toten Soldaten damals war.“

„Das war direkt nach dem Krieg, im Sommer ‘45. Da wurde ein Soldat schwer verletzt angeschossen gefunden. Unten, in der Nähe vom Schloss. Da hat man übrigens gestern auch einen toten Franzosen gefunden. Fast wie damals.“

„Ja, das wissen wir, es stand heute in der Zeitung“, sagte Doro.

„Also, der von damals wurde ja nicht am Schloss gefunden, sondern, weißt du, wenn man auf der anderen Seite in der Kurve den Weg reingeht, da weiter irgendwo. Heute hängt da ein Schild. Die haben doch so einen Wanderweg rund um Mastershausen gemacht, mit geschichtlichen Stationen. Also wo mal eine Mühle stand, wo was mit Römern war und auch wo sie den angeschossenen Soldaten gefunden haben. Alles mit Schildern zum Nachlesen. Hat mir die Felizi erzählt, ich kann den Weg ja nicht mehr gehen, aber die ist mit der Nachbarschaft dahergewandert.

Jedenfalls dachten die Franzosen direkt an ein Attentat oder so was. Der Krieg war ja noch nicht lange vorbei, gerade ein paar Monate. Also haben sie alle Männer aus dem Dorf verhaftet. Sie kamen in die Häuser, Ställe und auf die Felder mit ihren Soldaten und haben einfach alle Männer mitgeholt. Dann haben sie alle Häuser durchsucht nach einem Gewehr. Mein Gott, haben die gewühlt. Jeden Winkel, jeden Wutzestall, alles durchkämmt. Aber sie fanden keins. Also haben sie gedroht, alle Geiseln zu erschießen, wenn der Schuldige sich nicht freiwillig meldet. Das waren von hier fast 40 Männer und von Sosberg noch mal so um die 20. Alte, junge, alles. Ich musste meinem Vater dann immer das Essen bringen. Die Franzosen hatten die Männer auf der Pfingstwiese, wo jetzt der Pfälzer ist, gefangen gehalten. Das war eine schlimme Zeit für meine Mutter und die anderen Frauen. Man wusste ja nicht, ob die Ernst machen. Man wusste aber auch genau, von hier konnte das keiner gewesen sein, wir hatten ja keine Gewehre. So gingen drei Wochen ins Land. Immer in Angst, die Franzosen könnten die Geiseln erschießen.

Dann endlich wurden sie freigelassen. Der angeschossene Soldat hatte auf dem Sterbebett gebeichtet, dass er mit seinem Kameraden gewildert hatte und von ihm, also von einem Franzosen, angeschossen wurde."

„Was ist mit dem Wilderer passiert?", fragte Rainer neugierig.

„Der kam vors Militärgericht und der hat dann ein paar Jahre gesessen. Lasalle oder so hieß er. Den Namen des Toten weiß ich nicht mehr so genau, irgendwas mit Schamber oder so."

„Dechambre?", fragte Rainer spontan.

„Ja, kann sein", antwortete Oma Liesel.

„Da gab es doch noch mehr Geschichten um die Ruine, du hast doch das Heimatbuch von Masdasch ..." Doro stand auf, ging ins Nebenzimmer und kam ein paar Minuten später mit einem dicken Bildband zurück. *„Heimatbuch Mastershausen"* stand in großen Lettern darauf und Doro blätterte zielstrebig darin herum.

„Als Kind habe ich diese Geschichten geliebt. Die mit dem Schäfer und der Schlüsselblume oder die mit dem Hund mit den leuchtenden Augen und den Schatzsuchern. Hier ist es!", rief sie aufgeregt und fing an vorzulesen:

WIE DER SCHÄFER JÖRG
DAS SCHLOSSFRÄULEIN ERLÖSEN KANN

Vor langen langen Jahren weidete der alte Schäfer Jörg seine Herde auf dem Schlosskopp bei Buch. Es war im frostigen Januar. Nicht der kleinste Sonnenstrahl vermochte durch die bleischweren Wolken zu dringen. Alles war in Kälte erstarrt. Mühsam knabberten die hungrigen Tiere an den Birkenknüppeln und Ginsterstauden, unruhig trippelten sie hin und her.

„Wenn's doch einmal schneien wollte", sagte der alte Schäfer bei sich, „dass die Kälte herunterkäme", und fester wickelte er sich in seinen dicken, schafpelzgefütterten Mantel.

Wie er nun in Gedanken hin und her ging, erblickte er plötzlich vor sich eine Schlüsselblume, so goldig leuchtend, wie er im schönsten Lenz seines Lebens keine gesehen hatte. „Was", sagte er, „eine Schlüsselblume zu dieser Jahreszeit, und hier auf dem Schlosskopp, wo doch sonst nichts als Ginster und Heide wächst. O, die nehme ich unserem kranken Amiechen mit! Das hat doch Blumen so gern; wie wird es sich freuen!"

Jörg pflückte mit zitternden Händen die Blume ab und steckte sie an seinen Hut. Und als er sich nun nach den Schafen umwandte und dem Hund pfeifen wollte, stand ein weißgekleidetes Fräulein vor ihm. Das winkte dem Manne, ihm zu folgen. Und wenn er auch sprachlos vor Erstaunen war, so ging er doch mit zur nahen Burg Balduinseck, wo das Mädchen an die schwere eichene Kellertür klopfte.

Die Tür öffnete sich geräuschlos. Und nun, des Schäfers alte Augen hatten sich an das Dunkel gewöhnt, sah er rings an den Wänden schwere, eisenbeschlagene Kisten stehen. Auf der ersten Kiste am Eingang saß ein schwarzer, gräulicher Hund. Das Mädchen jagte ihn furchtlos weg und öffnete die Kiste. Und was war darin? Nichts als Gold und Silbergeld. Dem Schäfer wurde es ganz schwindelig bei so viel Reichtum, und als das Fräulein auch noch sagte:

„Nimm dir davon so viel du willst, aber vergiss nicht den Schlüssel“, da drohten ihm gar die Sinne zu schwinden.

Doch das Mädchen ermunterte ihn von Neuem zuzugreifen und da füllte er die Taschen seines Kittels und die weiten Manteltaschen. Schließlich nahm er noch den Hut vom Kopfe und füllte auch diesen.

„Nimm dir noch mehr“, sagte das Fräulein, „aber vergiss den Schlüssel nicht!“

„Danke“, sagte der Schäfer, „ich kann ja nichts mehr tragen“, und er wandte sich zum Gehen.

„Vergiss den Schlüssel nicht!“, mahnte das Mädchen wieder. Der Mann wusste nicht, was das bedeuten sollte, und ging hinaus. Das Fräulein folgte betrübten Blickes und die schwere Eichentür fiel krachend ins Schloss.

Draußen aber sagte das Mädchen:

„Du hast mich erlösen sollen. Die Schlüsselblume war der Schlüssel. Erst hast du dich darüber gefreut, aber als du das viele Geld sahst, hast du nicht mehr daran gedacht und sie achtlos zu Boden fallen lassen und zertreten.

In diesem Augenblick fällt eine Eichel. Wenn der Baum, der daraus erwächst, gefällt wird, macht man eine Wiege aus dem Holz. Das erste Kind, das darin liegt, wird mich wieder erlösen können."

Sprachs und verschwand.

Der Schäfer ging wie im Traum zu seiner Herde zurück. Doch das Geld in Hut und Taschen erinnerte ihn an das wundersame Erlebnis.

Gebannt hatte Rainer zugehört. Oma Liesel lächelte verschmitzt und meinte: „Na ja, wenn das mal so gewesen ist. Bis jetzt ist noch keiner reich geworden am Schloss."

„Was war das noch für eine andere Geschichte mit dem Hund?", fragte er neugierig.

„Hör zu!" Doro las weiter:

Wie es den Schatzgräbern auf Balduinseck erging

Lange, lange ist es schon her, als drei junge, kühne Burschen von Buch sich eines Tages entschlossen, den Schatz im Keller von Balduinseck zu heben, wovon der alte Schäfer Jörg so viel zu erzählen wusste, war er doch dort reich für sein Lebetag geworden. Die drei wollten die Sache besser machen als Jörg und die Schätze samt und sonders haben und das verwunschene Fräulein erlösen.

So begaben sie sich just bei Tagesgrauen hinab zum Schloss. Noch lag das Tal im Morgendämmer. Lange suchten sie nach der Kellertür, und gerade lachte der erste Sonnenstrahl über die Sang, da fanden sie von Gedörn und Gestrüpp verschüttet eine eiserne, verrostete Tür.

„Endlich", atmete der Scholteswellm auf.

„Jetzt aber still, ihr wisst, dass man beim Heben eines Schatzes kein Wort sprechen darf! Also denkt daran", mahnte der bedächtige Hasenjupp.

Doch die Tür wollte sich nicht öffnen. Das Brecheisen angesetzt! Ein Stöhnen – ein Krächzen – ein Kreischen! Die Tür dreht sich in ihren rostigen Angeln. Ein dunkel gähnender Raum tut sich auf. Modrige Luft schlägt einem entgegen. Und aus dem Dunkel glüht etwas, feurig leuchtend. Jetzt Mut! Es gilt! Nur ruhig! Ruhig!

Als die Augen sich ans Dunkel gewöhnt hatten, erkannten die Burschen einen großen schwarzen Hund, der als Wächter auf einer mächtigen Kiste saß. Durch Handbewegungen jagten sie den zähnefletschenden Hund weg, packten die eisernen Griffe der schweren Truhe und schleppten sie zur Tür. Schon waren sie draußen. Da konnte sich der Leientheis, der gerade als Letzter die Schwelle überschreiten sollte, nicht enthalten, aus innerstem Herzen zu sprechen:

„Ha, die haben wir draußen!" Damit schlug die schwere Tür zu und zwischen Tür und Schwelle wurde dem Leientheis ein Fuß völlig zerquetscht, so dass er zeitlebens mit einem Stelzfuß gehen musste.

Die Kiste mit den Schätzen war und blieb verschwunden. Späterhin wollten Burschen von Mastershausen im Inneren der Burg, wo sich noch ein tiefes Loch befindet, nach Schätzen graben. Sie hatten den ganzen Tag geschafft und wollten gerade Feierabend machen; da stieß eine Hacke auf etwas Metallenes. Pink! Pink! Jetzt aber weiter gegraben! Der Mond stand hoch am Himmel und lachte zu den fleißigen Schatzgräbern herab.

Endlich hatten sie die Ecke einer eisernen Kiste freigelegt. Da stieß in Mastershausen der Nachtwächter ins Horn und der Bucher antwortete ihm. Zwölf Uhr!

Da sprang plötzlich ein schwarzer Hund mit glühenden Augen und glühendem Rachen auf die Kiste. Starr standen die Burschen. Und dann wandten sie sich und liefen – was gibst du – die Treppe hinab und ohne zurückzublicken nach Hause. Nach Tagen wagten sich einige zur Burg. Das frisch gegrabe-

ne Loch war da; die Hacken und Schaufeln lagen herum, aber die Kiste und der Hund waren verschwunden.

„Ist ja interessant, können wir das Buch mal ausleihen?“, fragte Rainer vorsichtig, begierig, die Zeilen dieser alten Geschichten selbst unter die Lupe zu nehmen. Vielleicht steckte ja ein Funke Wahrheit hinter so viel Dichtung.

„Ja, holt es ruhig mit! Doro erbt es eh irgendwann mal ...“

„Aber Oma, soweit ist es doch noch lange nicht“, schimpfte Doro. Sie verabschiedeten sich mit dem Versprechen, recht bald wiederzukommen, und fuhren los in Richtung Kastellaun.

Am Balduinseck hielt Doro an.

„Zeigst du es mir?“, kam die Frage, auf die Rainer schon auf dem Hinweg gewartet hatte. Also stiegen sie aus und gingen dorthin, wo er Dechambre gefunden hatte. Seltsam, in Begleitung von Doro hatte er keine Angst mehr davor, hierher zurückzukehren. Alleine konnte er es sich nicht vorstellen. Dort, wo der Tote gelegen hatte, war noch das übliche rotweiße Absperrband der Polizei gespannt. So konnten sie nicht bis ganz an die Stelle herangehen.

„Hier hast du ihn also gefunden?“

„Ja, dort in den Brennnesseln lag er, mit dem Kopf nach unten, Richtung Felsen.“

„Wie ist er hierher gekommen? Ich meine überhaupt hierher. Mit dem Auto, mit dem Bus? Zu Fuß wird er ja nicht gegangen sein.“

„Das ist eine gute Frage, es stand kein Auto außer meinem auf dem Parkplatz. Und wenn ein Wagen eine Woche oder so dort gestanden hätte, wäre das doch sicher aufgefallen.“

„Sicher, den Dorfsheriffs hier entgeht nichts, und ich meine damit nicht die Polizei“, erwiderte Doro ironisch.

„Vielleicht ist er mit seinem Mörder gekommen. Gemeinsame Schatzsuche, dann Streit, einer erschlägt den anderen. Paff – so einfach ist das.“

„Dann müsste man ja irgendwo eine Stelle finden, an der gegraben worden ist, oder?“

Doro schaute sich um und Rainer meinte: „Also, an die Arbeit. Wo fangen wir an zu suchen?“

„Ist das dein Ernst? Das mit dem Schatz sind doch alte Spinnereien. Und wie sollte ein Franzose aus Südfrankreich überhaupt von einem Schatz wissen, hier im Hunsrück?“

„Keine Ahnung, aber einen Grund für seinen Tod muss es doch geben! Er hatte den Zettel in der Tasche mit dem Namen des anderen Franzosen von damals. Vielleicht haben die 1945 schon nach einem Schatz gesucht. Du kennst doch die ganzen Geschichten vom Nazigold, Bernsteinzimmer und so weiter. Also lass uns mal ein wenig hier herumstöbern. Vielleicht finden wir ja etwas Interessantes.“

„Na gut, dann gehen wir erst mal um die Ruine herum. Da gibt es eine Art Trampelpfad.“

Sie gingen den Weg zurück am Aufgang zur Ruine vorbei. Links war ein Einschnitt im Dickicht zu erkennen. Rainer suchte einen herumliegenden Ast und schlug damit den Weg durch die Brennnesseln und andere Sträucher frei.

Der Wald umfing sie mit seiner frischen Kühle und Rainer roch förmlich den feuchten Boden. Auch die zerschlagenen Pflanzen strömten ihren Odem aus, so wie eine frisch gemähte Wiese. Ein Buschmesser wäre jetzt von Vorteil gewesen, und ihm ging Rüdiger Nehberg durch den Kopf, der in der Wildnis Überlebenstraining mit allem was dazugehört macht.

„Wenn wir hier nicht mehr rauskommen, gibt es Froschschenkel mit Würmergarnitur zum Abendessen“, frotzelte er.

„Kein Problem, seit ich dich kenne, bin ich Kummer gewohnt“, konterte Doro und sie mussten beide lachen.

Als sie fast um die Burg herum waren, ging der Weg nicht mehr weiter, sie mussten auf die andere Bachseite wechseln, was aber wegen der vielen Steine, die im Wasser lagen, kein Problem war. Ein Stück weiter bemerkte Rainer rechts oberhalb des Pfades eine Verwerfung, die nicht natürlichen Ursprungs sein konnte. Er zeigte mit seinem Knüppel darauf und Doro sah es auch direkt.

Sie gingen hoch und bekamen einen seltsamen Krater zu sehen. Er war ungefähr sechs Meter lang, drei Meter breit und fast quadratisch. In dem Krater gab es zwei Erdhügel, einer eher in der rechten Hälfte, der andere in der linken. An beiden Erdhügeln waren frische Grabungsspuren zu sehen, es waren Äste auf Seite geräumt worden und frisches Erdreich lag drum herum.

„Wer hat hier wohl gewühlt?", fragte Rainer, wohl wissend, keine Antwort auf diese Frage zu bekommen.

„Wer immer es war, er hat keinen Wert darauf gelegt, es zu vertuschen", stellte Doro fest.

„Aber was ist das hier für ein Krater?"

„Ein Grab vielleicht", antwortete Rainer und Doro wich unwillkürlich einen Schritt zurück.

„Vielleicht ja auch nur", sagte Rainer, bemüht, einen beruhigenden Tonfall zu haben, „und selbst wenn, findet man dort ja nur noch Knochen."

„Egal, ich meine, wir fahren jetzt mal langsam. Ich bekomme Hunger und es wird bald dunkel und überhaupt."

Doro hatte recht, es war an der Zeit zu fahren. Rainer wollte nachdenken und ein paar Internet-Recherchen machen, außerdem hatte auch er mittlerweile Hunger bekommen. Auf der weiteren Fahrt sprachen sie nur Belangloses und entschieden sich für eine Pizza.

Da der Abend noch schön warm war, saßen sie draußen in der Nähe des Kastellauner Marktplatzes. Gegenüber plätscherte ein Brunnen, an dem einzig das von unten angestrahlte Wasserspiel schön war. Waschbeton der 70er, einfallslos und langweilig, damals aber modern.

„Deine Oma ist ja noch richtig fit", begann Rainer ein Gespräch, um von dem allgemeinen Gerede über die Größe der

Pizzen auf ein persönliches Thema zu kommen. Noch immer wusste er recht wenig über Doro.

„Klar, sie ist die fitteste Oma der Welt. Musste sie ja auch sein, sie hat mich großgezogen. Meine Eltern sind bei einem Unfall ums Leben gekommen, da war ich elf. War ganz schön hart für uns, aber wir haben uns durchgebissen. Wir hatten ja auch nur noch uns. Mal abgesehen von Onkel Georg, dem Bruder meiner Mutter. Mein Vater hatte keine Geschwister."

„Das tut mir leid. Du hast auch keine?"

„Nein. Hat sich wohl nicht ergeben. Mit mir hatte Oma Liesel ja auch genug zu tun."

Rainers Hochachtung vor der alten Dame wuchs an diesem Abend beträchtlich. Was hat diese Generation alles fertig gebracht? Einen Weltkrieg überlebt, Deutschland wieder aufgebaut, mit Arbeit, nicht mit Geschwätz. Ihr Leben lang in die vermeintlich sicheren Sozialsysteme eingezahlt. Und wenn sie jetzt eine Brille oder ein Hörgerät brauchen, müssen sie einen Kleinkredit aufnehmen. „Soziale Gerechtigkeit buchstabiert sich anders", ging es Rainer durch den Kopf.

„Sonst hast du keine Verwandten?"

„Doch, Albert, genannt Berti, der Sohn von Onkel Georg und Tante Frieda. Und du, was ist mit deinem Anhang?"

„Nichts Aufregendes, mein Vater ist in Rente, er war Verwaltungsmensch bei der Stadt, meine Mutter ist Hausfrau mit Begeisterung. Mein jüngerer Bruder hat Jura studiert und ist bei der Staatsanwaltschaft Koblenz. Ach ja, da sind noch ein paar Cousins und Cousinen, aber zu denen habe ich keinen Kontakt."

„Du sagst das so gelangweilt, aber für mich hört sich dieses Stinknormale schön an. Ich hatte es seit dem Tod meiner Eltern nicht mehr. Nicht, dass es mir an etwas gefehlt hätte. Oma Liesel ist Weltmeisterin im Organisieren und hat ein Herz so groß wie der ganze Hunsrück und der Rest der Welt dazu, aber Tage wie Weihnachten kann ich überhaupt nicht ertragen. Da fehlt mir die Familie."

„An Tagen wie Weihnachten flüchte ich nach der Bescherung und dem Essen immer in die Koblenzer Altstadt. Dort trifft man viele alte Bekannte und es hat meist größeren Unterhaltungswert als ewig dieselben Geschichten zu Hause."

„Man kann halt den Wert einer Sache oder eines Lebensstils erst ermessen, wenn man es nicht mehr hat. Ansonsten kommt einem das Ganze gewöhnlich und langweilig vor", bemerkte Doro.

„Ja, da magst du recht haben", gab Rainer nachdenklich zurück.

„Lass uns zahlen und zu mir gehen. Du willst doch nicht nach Hause fahren heute Abend?"

„Ohne dich fahre ich nirgendwo hin", sagte Rainer und er meinte es auch so. Er spürte eine Nähe zu Doro, wie er sie früher noch nie zu einer Frau gespürt hatte. Zum ersten Mal konnte Rainer Menschen verstehen, die den Wunsch haben, ein Leben lang mit ein und derselben Person zusammen zu sein. Ihm kam der schwere Verdacht in den Sinn, dass er ernsthaft verliebt war.

Sie kehrten nicht allzu spät zurück in Doros Wohnung und Rainer setzte sich sogleich an ihren PC, um ein paar Nachforschungen im Internet zu machen. Doro war müde und musste auch am nächsten Tag wieder arbeiten, so hatte er freie Bahn, um mal wieder die halbe Nacht am Rechner zu sitzen.

Zunächst suchte er alles über die Balduinseck heraus, was aber nicht sehr ergiebig war. Auf der Bucher Homepage war eine Beschreibung, es fehlten aber die Sagen, die im Mastershausener Heimatbuch standen.

Dann versuchte er etwas über die Ritter herauszufinden, die die Burg erbaut hatten, und er wurde bei den Buchern fündig:

Als Zeuge einer Schenkung, welche Kaiser Friedrich I. im Jahre 1152 an das Kloster Laach machte, erscheint ein Ritter Herrmann von Buch. Ein anderer Ritter, Werner von Buch, ist als Zeuge in einer Urkunde vom Jahre 1226 angeführt, die einen Streit zwischen Graf Johann von Sponheim und dem Kollegiatsstift von Karden schlichtet.

Ferner erscheinen die Gebrüder Richard und Wirich als Ritter von Buch in einer Urkunde des Jahres 1325, in der sie dem Erzbischof Balduin von Trier die Anlegung eines Burgfriedes und einer Feste bei Buch gestatten.

Seine Gedanken schweiften ab. In einer Woche musste er sich wieder mit den Homepages anderer Leute und ihrer Firmen herumplagen, zum Glück konnte er das von zu Hause machen. Doch was heißt hier schon zu Hause? „Home is where your heart is", und sein Herz war hier bei Doro.

Unwillkürlich drängten sich Rainer die Erinnerungen vom letzten Umzug auf. Die Schlepperei mit der Waschmaschine und den Schränken. Also, was nun? Vielleicht sollte er erst mal mit Doro darüber reden. Noch mal so einen Reinfall wie mit seiner letzten Beziehung würde er nicht überleben, ohne danach ganz dichtzumachen, und auf eine Wochenendbeziehung hatte er nicht die geringste Lust. So was klappt in den seltensten Fällen. Direkt zusammenziehen kam wohl nicht in Betracht, aber es musste doch in Kastellaun und Umgebung freie Wohnungen geben. Rainer beschloss, sich gleich am nächsten Morgen darum zu kümmern.

Aber zuerst musste er mit Doro reden. Er schaltete den Computer aus und ging leise ins Schlafzimmer. Doro war doch noch wach und las.

„Na, Internetrecherchen abgeschlossen?"

„Nein, ich konnte mich nicht mehr konzentrieren, dauernd kamen andere Gedanken und da habe ich die Kiste ausgeschaltet."

„Aha, andere Gedanken ... was denn so zum Beispiel?“

Jetzt wurde es ernst; war ihre Begegnung nur ein nettes Zwischenspiel am Wochenende oder mehr? Rainer war unsicher, langsam fing er an: „Also, ich dachte mir, die Suche nach einer Wohnung hier in der Gegend etwas intensiver zu gestalten. Vorausgesetzt, du hast nichts dagegen, mich öfter zu sehen.“

Es entstand eine kleine Pause, die ihm wie eine Ewigkeit vorkam. Je länger sie dauerte, desto unsicherer wurde er, ob sein Vorstoß nicht zu früh und zu gewagt war.

Doro hatte damit gerechnet, irgendwann Farbe bekennen zu müssen, doch es kam jetzt trotzdem etwas plötzlich. Natürlich sollte er hier bleiben, hier in ihrer Nähe, so nah es ging. Und er sollte nie wieder weggehen. Nur, wie sagt man das? Endlich rang sie sich zu einer Antwort durch:

„Natürlich möchte ich dich öfter sehen, aber mit uns das ging alles ein bisschen schnell, meinst du nicht? Wir kennen uns doch gar nicht und dann willst du alles hinter dir abbrechen und in den Hunsrück ziehen. Was ist, wenn das mit uns in die Hose geht? Ich will nicht, dass du wegen mir irgendwelche Entscheidungen triffst, die du später bereuen könntest.“

„Wer immer vorsichtig lebt, verpasst das Beste.“ Etwas Besseres fiel Rainer nicht ein.

„Und du bist das Beste, was mir in den letzten Jahren passiert ist. Ich war doch eh schon auf dem Absprung von Koblenz. Jetzt hält mich dort gar nichts mehr.“

„Wenn du meinst“, antwortete Doro leise, „du bist auch für mich das Beste, was mir in den letzten Jahren passiert ist.“ Und so lagen sie sich in den Armen und schliefen bald darauf eng umschlungen ein.

Geschichtsstunde

„Das Beste, was wir von der Geschichte haben, ist der Enthusiasmus, den sie erregt.“
(Johann Wolfgang von Goethe)

Am nächsten Morgen wurde Rainer wach und Doro war schon unterwegs, sie hatte Frühdienst. Um kurz nach acht klingelte sein Handy und Schneiders von der Kripo war dran.

„Guten Morgen, Herr Weingard, wir müssen noch ein Protokoll machen. Sind Sie noch in der Gegend oder hat die Großstadt Sie wieder?“

„Guten Morgen, nein ich bin noch hier in der Gegend. Ich kann vorbeikommen für das Protokoll.“

Sie verabredeten einen Termin um zehn Uhr auf der Polizeidienststelle in Simmern und so hatte Rainer genügend Zeit zum Frühstücken. Auf dem Küchentisch lagen ein Zettel und ein Haustürschlüssel.

„Bin um 15.30 Uhr wieder da, wenn du weggehst, nimm den Schlüssel mit. Küsschen, Doro.“

Rainers Golf stand noch immer auf dem Parkplatz am Supermarkt. Er folgte der Beschilderung in Richtung Simmern, fuhr am Kastellauner Hallenbad und einem Hotel mit Wohnmobilpark vorbei. Nachdem er Laubach passiert hatte, drückte er aufs Gas und war schnell in der Kreisstadt. Rainer fuhr geradewegs hinein und konnte an einer Ampel, die sehr lange mit dem grünen Signal auf sich warten ließ, einen Passanten nach der Polizei fragen. Obwohl die Simmerner Dienststelle ein Neubau ist, war Schneiders Büro altmodisch eingerichtet, der Finanzlage des Landes entsprechend. Die Aktenschränke waren voll und in einer Ablage auf dem Schreibtisch türmten sich die Dossiers.

„Guten Tag, Herr Weingard, nehmen Sie Platz“, er deutete auf einen Holzstuhl.

Es erinnerte Rainer an die Ausstattung in der Fernsehserie „Der Alte“ im Münchner Polizeipräsidium.

„Gibt es hier so viele ungeklärte Mordfälle?“, fragte er und zeigte auf den Stapel in der Ablage.

„Nein“, lachte Schneiders, „zum Glück nicht. Aber leider viele unaufgeklärte Diebstähle, Einbrüche und so weiter. Da sind richtige Banden auf der A 61 unterwegs und an jedem Dorf, das an einer Abfahrt liegt, halten die an und schlagen zu. Danach ab auf die Autobahn und weg. Wenn wir die nicht auf frischer Tat erwischen, ist die Wahrscheinlichkeit sie überhaupt zu stellen, sehr gering.“

„Moderne Raubritter“, entgegnete Rainer spontan.

„Wenn das mal nicht zu romantisch klingt. Für mich sind es Verbrecher, die sich am Hab und Gut unserer Mitbürger vergreifen. Raubritter hat man bei Wasser und Brot in den Turm gesperrt. Das dürfen wir leider nicht mehr. Aber jetzt mal zu unserem Fall. Unser Monsieur Dechambre lag schon sechs Tage dort, wo Sie ihn gefunden haben. Unsere Spezialisten konnten Ihre Aussage bestätigen, Sie waren zwei Mal am Tatort, das haben die Spuren gezeigt. Sie waren Sonntag vor einer Woche nicht zufällig auch am Balduinseck?“

Schneiders direkte Art verblüffte Rainer.

„Nein, ich war an dem Sonntag den ganzen Nachmittag in Koblenz bei meinen Eltern.“

„Na ja, wäre ja auch zu einfach gewesen.“

Rainer stutzte. „Hatten Sie mich wirklich verdächtigt?“, fragte er und konnte seine Empörung nicht verstecken.

„Regen Sie sich nicht auf, Herr Weingard. Bei einem solchen Verbrechen ist erst einmal jeder verdächtig. Wir müssen jeder Spur nachgehen, jede auch noch so abwegige Idee durchdenken. Was glauben Sie, welche unmöglichen Geschichten wir hier erleben.“

„Welche Theorie hatten Sie sich denn für mich zurechtgelegt?“, wollte Rainer wissen.

„Nun ja, Sie könnten den Toten gekannt haben. Nehmen wir einmal an, Sie machen einen Ausflug, locken ihn in den Wald und erschlagen ihn. Nach einer Woche schreiben die Zeitungen immer noch nichts von dem Toten. Vielleicht hat er die Attacke überlebt. Sie müssen nachsehen und finden ihn. Jetzt brauchen Sie eine Erklärung für Ihre Fuß- und Reifenspuren und erzählen uns, wie Sie zufällig über die Leiche gestolpert sind. Es wäre nicht das erste Mal, dass der Täter zum Tatort zurückkehrt."

„Und mein Motiv?"

„Geld, Eifersucht, was weiß ich. Wenn es eine Verbindung zwischen Ihnen und dem Toten gibt, finden wir es heraus."

„Es gibt keine Verbindung. Ich kannte den Herrn Dechambre nicht. Für letzten Sonntag habe ich ein Alibi, für den Samstag ebenfalls, da war ich auf einer Geburtstagsfeier von einem Kollegen. Es ist alles wirklich so, wie ich es Ihnen geschildert habe." Rainer war es gar nicht wohl in seiner Haut. Als Verdächtiger in einem Mordfall fühlt man sich eben nicht so toll.

„Ich glaube Ihnen ja. Es war ja auch nur eine Möglichkeit. Sonst haben wir keine Spur. Was wollte der Franzose am Balduinseck? Und was wollten Sie da? Da konstruiert man halt mal einen Zusammenhang."

„Es gibt einen Zusammenhang, der hat aber nicht mit mir, sondern mit der Balduinseck beziehungsweise mit dem Krieg zu tun." Rainer musste jetzt etwas sagen, sonst würde Schneiders weiter in seine Richtung ermitteln, das spürte er.

„Und welchen Zusammenhang gibt es da?", fragte Schneiders verwundert, indem er seine Augenbrauen hochzog und Rainer fragend anblickte.

„Kurz nach dem Zweiten Weltkrieg gab es schon mal einen Toten in der Nähe der Ruine. Ein französischer Soldat hat angeblich beim Wildern seinen Kameraden angeschossen, der an der Verletzung starb. Nun raten Sie mal, wie das Opfer hieß?"

Schneiders wurde unruhig.

„Wie denn? Woher soll ich das denn wissen?“

„Dechambre“, antwortete Rainer trocken, „er hieß Dechambre. So ein Zufall, nicht wahr?“

„Wo haben Sie das her?“

Rainer gab eine Zusammenfassung dessen, was Oma Liesel erzählt hatte. Als er geendet hatte, blieb Schneiders noch einen Moment lang ruhig sitzen, dann platzte er.

„Sie gehen der Sache doch nicht etwa privat nach. Da muss ich Sie warnen. Das ist die Arbeit der Polizei!“

„Dann ermitteln Sie auch in die richtige Richtung und verdächtigen Sie nicht harmlose Bürger wie mich!“, entgegnete Rainer aufgebracht.

„Nun gut, wir werden der Sache nachgehen.“ Schneiders hatte sich wieder etwas beruhigt, schien aber immer noch sauer, dass er diese Spur nicht selbst gefunden hatte.

Nachdem Rainer das Protokoll unterschrieben hatte, konnte er gehen. Draußen atmete er erst einmal kräftig durch und drehte sich eine Zigarette. Mittlerweile war es Mittag geworden und sein Magen meldete sich. Die Sonne schien kräftig von einem strahlend blauen Himmel und die Temperatur war eher südländisch. Am nahe gelegenen Fast-Food-Restaurant genehmigte er sich ein Menü, das er draußen verzehrte.

Rainer betrachtete die anscheinend neu entstandene Verkehrsführung mit Kreisel und die vielen Geschäfte der Billigketten, die sich dort angesiedelt hatten. Das bedeutete zugleich, dass die Innenstädte ausstarben. Er erinnerte sich an die Diskussion Anfang der 80er-Jahre um das Löhr-Center in Koblenz. Die Geschäfte der Löhrstraße, der Fußgängerzone in Koblenz, befürchteten, dass es ihnen die Kundschaft abspenstig machen würde. Das traf nicht zu. Viele Leute parkten im Löhr-Center, um dann in der Fußgängerzone einzukaufen. Vielleicht lockte es ja noch mehr Menschen in die Stadt. So hatte jeder was davon. Aber hier in einer relativ kleinen Stadt funktionierte das wohl nicht.

Er beschloss, einen Gang durch Simmern zu machen, um seine Überlegungen zu überprüfen. Er hatte Zeit und vielleicht fand er ja auch einen Immobilienmakler. So könnte er zwei Fliegen mit einer Klappe schlagen. Rainer fuhr mit dem Auto stadteinwärts und folgte der Beschilderung zu einem Parkplatz am Schloss. Hier war das Hunsrück-Museum untergebracht und auf dem Schlossplatz lud ein Pavillon mit frischem Eis und Kaffee zum Verweilen ein. Rainer genehmigte sich einen Nachtisch und ging Eis schleckend die Fußgängerzone hoch. Tatsächlich fand er im oberen Bereich ein paar leere Läden. „Ladenlokal zu vermieten“ stand auf selbst geschriebenen Zetteln in den Schaufenstern. „Damit stirbt auch ein Stück Identität einer Stadt“, dachte er.

Bei einem Immobilienmakler, der ein paar Häuser und Wohnungen im Schaufenster anpries, blieb Rainer stehen. Es war nichts für ihn dabei, entweder waren die Wohnungen zu groß oder in irgendeinem Dorf, das Rainer nicht kannte. Er wollte schon in der Nähe von Kastellaun bleiben. Auf der linken Seite entdeckte Rainer ein Hinweisschild auf den Schinderhannesturm. Er erinnerte sich an den Räuberhauptmann, der Ende des 18. Jahrhunderts den Hunsrück unsicher gemacht hatte.

„Der Film aus den 50er-Jahren mit Curd Jürgens und Maria Schell war sicher eine Posse gegenüber dem wirklichen Leben des Räubers“, dachte Rainer und folgte dem Schild, bis er zu dem alten Turm kam, in dem der Räuberhauptmann einmal einsaß. Im Innenraum befand sich eine kleine Ausstellung mit teilweise originalen Gegenständen aus dem Besitz des Schinderhannes. Ein Hut, eine Pistole, ein Pulversack. Eine Nachbildung des Fallbeils der Guillotine, die dem Räuber den Kopf abschlug. Dabei Bilder der Spießgesellen und von Julchen, der Geliebten des Schinderhannes. Geschichte hält man hoch im

Hunsrück, auch wenn sie zuweilen grausam scheint. Rainer trat wieder hinaus in die Sonne.

Er ging zum Parkplatz und fuhr nach Kastellaun zurück. Da er eine Zeitung kaufen wollte, suchte er einen Zeitschriftenladen und wurde in der Nähe des Marktplatzes fündig. Er wollte den Laden gerade wieder verlassen, als sein Blick an einem Buch hängen blieb.

„Burgruine Balduinseck – Ergänzungsband zu Heimatbuch Buch/Mörz mit virtueller Burgführung auf CD-Rom."

Wie angewurzelt blieb er stehen.

„Darf es sonst noch was sein?", fragte die Verkäuferin, die bemerkt hatte, dass sie Rainer vielleicht noch etwas verkaufen konnte. Natürlich nahm er das Buch mit der CD. Schnell ging Rainer über den Marktplatz zu Doros Wohnung. Sofort legte er die CD in den Computer ein und schon ging die virtuelle Zeitreise los. Auf dem Monitor erschien eine Landschaft mit der Burg. Langsam zoomte man über einen Weg immer näher an die Balduinseck heran. Auf dem Vorplatz erschienen Pferdeställe, durch eine große Eingangstür gelangte man ins Innere der Burg. Dort ging es die Wendeltreppe hoch und man war im Wohnbereich. Ein Feuer loderte im Kamin, die Einrichtung war spartanisch.

Anschließend konnte man sich Detailbilder der Burg anschauen. Den Sinn und Zweck verschiedener Mauervorsprünge konnten sich die Architekten, die die Burg virtuell zum Leben erweckt hatten, auch nicht erklären. Andere wieder waren eindeutig für Toiletten, Wehrgänge und Ähnliches gedacht. Rainer nahm sich das Buch vor und versank im Mittelalter.

Der Schlüssel drehte sich und Doro kam gut gelaunt hereinspaziert.

„Hallo, na was hast du heute so gemacht?", fragte sie neugierig.

Rainer kam aus seiner gedanklichen Versenkung in die Realität zurück und grinste.

„Die Polizei hat mich doch tatsächlich verdächtigt." Er erzählte von seinem Termin in Simmern und dem kleinen Stadtbummel, den er gemacht hatte.

„Den nächsten Stadtbummel machen wir aber gemeinsam", schimpfte Doro spaßeshalber.

„Sicher", beschwichtigte Rainer, „den nächsten Stadtbummel machen wir gemeinsam! In Kastellaun, oder lieber in Koblenz? Vielleicht in London oder Paris?"

„Wie wär's mit Dublin?", fügte Doro der Aufzählung hinzu, „du musst mir Dublin zeigen. Und die grünen Hügel in Irland." Damit war sie auch schon auf Rainers Schoß und die beiden umarmten sich leidenschaftlich.

Die Kleidungsstücke lagen verteilt auf dem Boden und Doro machte sich daran, sie aufzusammeln.

„Was hast du da für ein Buch?", fragte sie beiläufig.

„Ganz interessant", antwortete Rainer, „ein Buch mit CD-Rom über das Balduinseck und seine Geschichte. Auf der CD ist die Burg rekonstruiert worden." Er zeigte ihr die Burgführung.

„Ist ja klasse gemacht", bemerkte Doro.

„Ja, und noch interessanter ist das Buch. Ich wusste gar nicht, was für ein mächtiger Mann der Balduin war. Die Kastellauner Burg hingegen gehörte den Sponheimern und die waren nicht gut auf Balduin zu sprechen."

„Wieso denn das?", fragte Doro interessiert

„Pass auf", begann Rainer seine Ausführungen, „das war so: Die Sponheimer waren eigentlich ziemlich mächtig und haben sogar an einer der ältesten Universitäten Europas, in Bologna, studiert. Man kann im alten Universitätsgebäude heute noch die Wappen derer, die dort studiert haben, an den Deckengewölben sehen. Jedenfalls sollte einer der Sponheimer Brüder, Emich, Karriere in der Kirche machen, während die beiden anderen Brüder die weltliche Macht innehatten. Graf Johann II. blieb in Kreuznach, Graf Simon II. in Kastellaun.

Emich sollte oder vielmehr wollte Erzbischof von Mainz werden.

Der Papst setzte aber einen anderen ein, nämlich Peter von Aspelt, der wiederum aus einem luxemburgischen Geschlecht entstammte. Genau wie Balduins Vater, Heinrich III. Graf von Luxemburg. Als dann etwas später der Posten des Erzbischofs von Trier zu besetzen war, kam nicht etwa Emich an die Reihe, sondern wieder einer aus Luxemburg: Balduin, damals gerade mal 22 Lenze alt. Kannst du dir vorstellen, wie sauer die Sponheimer waren? Aber es kommt noch dicker: Als Erzbischof von Trier war Balduin im Wahlgremium für den König. Und rate mal, wer König des Heiligen Römischen Reiches Deutscher Nation wurde: Heinrich VII., ein Bruder von Balduin. Der verhalf seinem Sohn Johann auch noch zur böhmischen Krone. Amigo-Wirtschaft nennt man das heute. Die Sponheimer werden Gift und Galle gespuckt haben, dass sie im wichtigsten Gremium der damaligen Zeit nichts zu sagen hatten.

Heinrich wurde in Rom zum Kaiser gekrönt, hatte aber nicht mehr viel davon. Auf dem Rückweg von Rom starb er. Danach gab es natürlich ein ziemliches Gerangel um die Nachfolge, bei dem die Sponheimer auch mitmischten. Jeder wollte seinen Favoriten und damit Fürsprecher, wenn es um Macht und Ämter ging, auf dem Thron haben. Dabei gerieten sich die Sponheimer und Balduin auch hier in Kastellaun in die Wolle, und nur durch die Bitte um Gnade von Simons Frau, die über Ecken auch mit Balduin verwandt war, verschonte Balduin Burg und Stadt. Dafür hielten sich die Sponheimer dann aus der Königswahl raus. Das war ...“,

Rainer blätterte in dem Buch, „... das war 1320/21, steht hier. 1325 wurde die Burg Balduinseck gebaut. Und zwar überließen die Ritter Richard und Wirich aus Buch Balduin das Land, auf dem die Burg gebaut wurde, und verpflichteten sich und ihre Nachkommen der Treue zu Balduin und Trier.

Als Gegenleistung durften sie sich auch was Befestigtes auf dem Land bauen und hatten natürlich auch Balduins Schutz, wenn es hart auf hart kommen würde."

„Hört sich fast an wie bei Dallas."

Rainer blickte ungläubig

„Na ja", fuhr Doro fort, „Intrigen um Macht und so weiter. Nur die Frauen kommen ein wenig zu kurz in der Geschichte."

„Wahrscheinlich, weil es Geschichte ist und nicht was Ausgedachtes aus Hollywood. Aber es gibt eine Frau, die Balduin übel mitgespielt hat. Das war ...", wieder musste Rainer blättern, „... das war 1328, da wurde Balduin von einer gewissen Loretta von Sponheim auf einer Moselfähre gefangengenommen und nach einem Monat erst wieder gegen ein hohes Lösegeld freigelassen. Mehr Widerstand gab es anscheinend nicht."

„Aber wenn die Sponheimer geschlagen waren, wofür brauchte Balduin die Burg im Tal? Um sie in Schach zu halten?"

Rainer dachte nach.

„Vielleicht brauchte nicht Balduin die Burg, sondern die Burg brauchte Balduin."

„Wie meinst du das?", fragte Doro.

„Aus welchem Grund sollten zwei Ritter aus dem Hunsrück, entschuldige bitte, aber doch irgendwo am Arsch der Welt, Balduin ein Stück Land geben? Im Gegenzug für Schutz. Fühlten sie sich bedroht von den Sponheimern? Die hatten doch nicht mehr viel zu sagen. Und warum sollte Balduin einen Haufen Geld für eine Festung ausgeben, die er gar nicht mehr benötigte. Worauf ich hinaus will ist Folgendes: Was haben die Ritter in Buch gehabt, dass es für Balduin wichtig war, sie zu schützen? Oder in die heutige Zeit übertragen: Was haben die Bucher Ritter an Schutzgeld gezahlt, was zur nächsten Frage führt: hatten die überhaupt Geld und woher?"

„Das mit dem Arsch der Welt nimmst du aber zurück!",

lachte Doro, „aber der Rest ist schon bemerkenswert. Wenn ich nicht so einen Hunger hätte, könnte ich sogar noch weiter denken, aber jetzt ist mein Bauch dran!"

Doro schlug vor, Nudeln zu kochen, und Rainer zauberte seine Spezial-Tomatensoße, nur mit Sambal Oelek gewürzt, wobei er vorsichtig dosierte.

„Wir könnten noch ein wenig im Netz stöbern, was es so gibt über die Balduinseck", meinte Rainer, der langsam Computer-Entzugserscheinungen bekam.

„Mach du nur, ich bin hundemüde, ich hatte heute Frühdienst und morgen wieder", erwiderte Doro.

Also setzte sich Rainer alleine vor den PC und tippte bei Google das Wort *„Balduinseck"* ein. Die ersten zehn Treffer waren allesamt die fast identische Beschreibung des Umstandes, dass die zwei Bucher Ritter Balduin das Land für die Burg überließen und er sie dann baute. Wenig Neues. Aber bei der Seite der Gemeinde Buch fand er unter *„Geschichte"* eine ausführliche Auflistung der Ritter zu Buch mit einigen interessanten Details. Er speicherte sich die Daten und ging weiter auf Suche. Als Nächstes gab er den Namen *„Lasalle"* ein und bekam eine Flut von Ergebnissen, von einer Universität in Frankreich bis zu irgendwelchen Verkaufsseiten. Er hatte auch nichts anderes erwartet. Bei *„Geiselnahme Mastershausen"* kam er auf die Mastershausener Webseite, der man einige Informationen entlocken konnte. Dort fand er folgenden Text:

GEISELNAHME 1945
Etwa 200 Meter von hier in westlicher Richtung wurde am 04.08.1945 ein französischer Besatzungssoldat während einer Jagd angeschossen und lebensgefährlich verletzt. Weil man davon ausging, dass es sich um einen Heckenschützen handeln musste, wurden in Mastershausen 40 Geiseln und in Sosberg 20 Geiseln in Haft genommen. Die französische Mili-

tärkommandantur drohte mit der Erschießung der Geiseln, wenn sich der Schuldige nicht freiwillig stellte. Beide Dörfer wurden stundenlang nach Waffen durchsucht, jedoch ohne Erfolg. Die Sosberger Geiseln wurden in Blankenrath und die Mastershausener Geiseln in Mastershausen inhaftiert. Erst nach drei Wochen wurden alle überraschend frei gelassen. Das Geheimnis war gelöst.

Der schwer verletzte Soldat, den man ins französische Lazarett nach Wittlich verlegt hatte, gestand in seinen letzten Lebensstunden, dass er einem Jagdunfall zum Opfer gefallen war. Sein Kamerad, der mit ihm zur Jagd gegangen war, hatte ihn versehentlich angeschossen.

Aber keine Namen. Wie hieß das Opfer? Er tippte *„Dechambre"* in das Suchfeld. An 12. Stelle fand er einen Eintrag im Untertitel, der vielversprechend aussah: ... Dechambre, Philipe; Deloire, Jean; ... .

Rainer suchte im Cache und fand die Eintragung auf Französisch und ließ es sich gleich übersetzen:

Philipe Dechambre, geb. 14. 7. 1918, Bibliothekarsgehilfe im Kloster Montmajour/Provence, Arles. Verstorben 23. 8. 1945 durch Jagdunfall in Deutschland.

Es stimmte also. Der Täter hieß Lasalle, das Opfer Dechambre, jedenfalls im August 1945. Jetzt hieß das Opfer wieder Dechambre und es hatte einen Zettel in der Hosentasche, auf dem „Lasalle '45" stand. Rainer kam das säuerliche Gesicht von Kripo-Schneiders in den Sinn. Wenn er ihn einweihen würde, dann müsste er auch das mit dem Zettel beichten. Keine leichte Sache.

Rainer beendete seine Internetsuche und legte sich zu Doro, die schon tief und fest schlief. Morgen müsste er nach Koblenz fahren, ein paar Klamotten zusammenpacken und das mit der Arbeit regeln. Er könnte jetzt den gesamten Resturlaub nehmen und dann mal weitersehen.

Irgendwo auf dem Mittelmeer, April 1204

Es dämmerte, der Morgen war neblig und kalt und der Seewind schmeckte salzig. Sie waren auf offener See Richtung Venedig unterwegs. Auch wenn er sich dafür hasste zu flüchten, war er froh, unterwegs nach Hause zu sein. Auch hasste er sich jetzt irgendwie doch für den Frevel, den er am Hafen begangen hatte, aber ohne diesen wäre er nicht auf dem Weg nach Italien.

Das letzte Haus vor dem Hafen stand offen, es war Krach darin zu hören. Es wurde anscheinend gekämpft. Aus Neugier schaute er hinein und beobachtete zwei Raufbolde aus dem ritterlichen Gefolge, wie sie sich um das Hab und Gut des wohl gerade erst erschlagenen Hausherren stritten. Der eine schlug dem anderen soeben einen schweren Stuhl über den Kopf, so dass jener besinnungslos hinfiel. Der Sieger grabschte gierig nach einem Beutel, der am Boden lag, und schüttete ihn auf dem Tisch aus. Heraus fielen lauter schön polierte Goldstücke, um die fünfzig an der Zahl. Wolfram dachte bei sich „Jetzt oder nie“ und zog sein Schwert. Der Raufbold hörte das Geräusch der gezogenen Klinge und drehte sich sofort mit einem Messer in der Hand um. Zu spät. Wolframs Schwert durchbohrte den Plünderer, der taumelnd zu Boden glitt und mit einem Röcheln seinem Herrgott ein gutes Stück näher kam.

„Verdient hatte er es allemal, der Schurke“, rechtfertigte sich Wolfram vor sich selbst und steckte die Goldmünzen wieder in den Beutel. Das war seine Passage nach Hause. Der Rest war ein Kinderspiel: Er ging zum Pier runter und suchte sein Schiff. Salvatore, der Kapitän, wollte gerade die Leinen losmachen, als Wolfram ihn entdeckte und gegen ein paar Goldmünzen die Heimfahrt antreten konnte.

Er versicherte sich, dass keiner in seiner Nähe war, und nahm den kleinen Beutel des Ritters hervor. Bisher hatte er der Versuchung widerstanden, hineinzusehen. Aber jetzt schien es ihm an der Zeit.

Er öffnete das Band und griff vorsichtig hinein. Zum Vorschein kamen ein paar Edelsteine, rote und grüne, sicherlich von großem Wert. Da war noch etwas in dem Säckchen, es fühlte sich an wie ein Pergament. Wolfram von Buch zog es langsam heraus. Es war in der Tat ein zusammengerolltes Stück Pergament. Vorsichtig öffnete er das seltsame Dokument. Eine Karte, eine Art Plan. Eine Wegbeschreibung und ein Kreuz. Und ein Wort, dessen Bedeutung er auf der Hinfahrt hinlänglich verstanden hatte: „d'Or".

Er lächelte still in sich hinein, Hunsrücker zeigen keine großen Gefühle.

„Der Herrgott hat mich dafür belohnt, dass ich nicht wie die anderen Unschuldige ermordet habe."

Er kniete sich nieder und betete.

ABSCHIED VON KOBLENZ

„WOHIN DU AUCH GEHST,
GEH MIT DEINEM GANZEN HERZEN."
(KONFUZIUS)

Am nächsten Morgen fuhr Rainer nach Koblenz. Als er in seine Wohnung kam, schien ihm alles seltsam und unwirklich. Wie, wenn man von einer Reise heimkommt. Man kennt zwar alles, fühlt sich aber dennoch irgendwie fremd. Als Erstes checkte er die eingegangenen E-Mails und hörte den Anrufbeantworter ab. Nichts Aufregendes, die Werbeagentur Design & Web, für die Rainer arbeitete, bat um Rückruf, trotz Rainers Urlaub. Er ging ins Schlafzimmer und packte seine Sachen. Eine große Reisetasche mit den wichtigsten Klamotten für den nahenden Sommer würde zunächst reichen. Dann rief er bei Design & Web an und machte seinem Chef klar, dass er so schnell nicht wieder im Einsatz sein würde. Alle Überstunden und der Resturlaub ergaben immerhin vier Wochen Freizeit. Um eine neue Wohnung und eine neue Arbeitsstelle zu finden, könnte das allerdings etwas knapp werden. Aber die Bedenken schob er einfach beiseite; das Bild von Doro vor den Augen beeilte er sich damit, noch ein paar Bücher und CD's einzupacken. Den PC könnte er später holen, wenn er ihn bräuchte. Jetzt stand noch ein Besuch bei seinen Eltern an. Man kann ja nicht einfach so in den Hunsrück verschwinden, ohne Bescheid zu geben, wo man erreichbar ist.

Als Rainer bei seinen Eltern vor der Haustür stand, war ihm schon etwas mulmig zumute. Er schellte und seine Mutter Sieglinde öffnete die Tür. Sie hatte ihre langen, fast grauen Haare hinter die Ohren gekämmt und wirkte für ihr Alter immer noch jugendlich frisch. Ihre vielen Wandertouren hielten die Figur in Form und sie schaute verdutzt hinter ihrer Brille hervor.

„Oh, welch eine Überraschung!“, rief sie freudig und setzte mit Blick in die Wohnung hinterher:

„Alfons, schau mal, wer uns besuchen kommt: Unser Sohnemann!“

Rainer trat ein und umarmte seine Mutter herzlich.

„Ja, ich wollte mich doch mal melden, habe Urlaub.“

Rainers Vater erschien mit der Zeitung unterm Arm und schüttelte ihm kräftig die Hand. Obwohl Alfons Weingard sein Leben lang im Büro gearbeitet hatte, hatte er nichts von seiner kräftigen Statur eingebüßt. Die Gartenarbeit hielt den Rentner fit, ebenso wie das tägliche Fahrradtraining.

„Schön, dass du mal vorbeischaust.“

Es folgte die obligatorische Frage, ob Rainer schon was zu Mittag gegessen habe, und die Einladung zu einer hervorragenden Gemüsesuppe, die aus frischen Zutaten vom Gemüsehändler und dem eigenen Garten bestand. Nach dem Essen rückte Rainer mit seinem Anliegen heraus.

„Tja, weshalb ich eigentlich komme, ich habe da jemanden kennengelernt …“, er stockte.

„Aha, chercher la femme?“, fiel sein Vater ein.

„Ja, aber sie wohnt nicht hier, sie wohnt im Hunsrück. Genauer gesagt in Kastellaun und ich …“, wieder kam Rainer ins Stocken.

„Du fährst sie in deinem Urlaub besuchen?“, fragte nun seine Mutter Sieglinde.

„Gewissermaßen, also, vielleicht ziehe ich auch ganz in den Hunsrück.“

Jetzt war es raus und Rainer fühlte sich erleichtert. Weniger erleichtert schauten Alfons und Sieglinde drein.

„Hast du dir das auch gut überlegt?“, kam es direkt von Rainers Mutter und Vater Alfons fragte direkt hinterher, ohne dass Rainer auf die erste Frage antworten konnte: „Und was ist mit deiner Arbeit?“

Rainer versuchte der Reihe nach die Bedenken seiner Eltern

zu zerstreuen und schaffte es am Schluss sogar, dass sich seine Mutter freute, dass er eine nette Frau kennengelernt hatte. Dafür nahm sie es in Kauf, ihren Sohn nun wahrscheinlich noch weniger zu sehen, als es eh schon der Fall war. Rainer verabschiedete sich, nicht ohne zu versprechen, bald anzurufen und, wenn es die Zeit zulasse, mit seinem Vater den Schinderhannesradweg zu befahren, der auf der alten Hunsrückbahntrasse zwischen Emmelshausen und Simmern angelegt worden war. Erst im Auto fiel Rainer ein, dass er gar kein Fahrrad mehr besaß.

Auf der Rückfahrt nach Kastellaun klingelte sein Handy. Schneiders war dran.

„Guten Tag, Herr Weingard, wo sind Sie im Moment?"

„Auf dem Weg von Koblenz nach Kastellaun, vor Emmelshausen."

„Sie haben wohl noch einen Koffer im Hunsrück stehen oder was zieht Sie immer wieder hierher?"

„Ist das ein telefonisches Verhör? Dann hätte ich gerne eine Konferenzschaltung mit meinem Anwalt", scherzte Rainer.

„Nein, kein Verhör, nur Neugierde. Ist eine Berufskrankheit. Weshalb ich anrufe, vielleicht interessiert es Sie ja: Die Leiche ist freigegeben und übermorgen wird Dechambre von seinem Bruder nach Hause geleitet. Der kommt extra aus Fontvieille, das liegt unten in der Provence."

„Danke für die Info, wann kommt der Bruder denn genau?"

„Weiß ich nicht."

„Haben Sie etwas mit der Geschichte anfangen können, die ich Ihnen erzählt habe?"

„Ja, da gab es Informationen vom Bundesarchiv, da darf ich aber nicht drüber sprechen, Sie verstehen. So, bis dann mal, auf Wiedersehen, Herr Weingard."

„Bis dann und viel Erfolg", beendete Rainer das Gespräch.

Rainer brachte seine Sachen in Doros Wohnung und überlegte, was er mit dem angefangenen Tag machen sollte. Er hatte Hunger und beschloss, runter zum Türken an der Hauptstraße zu gehen und Döner zu essen. Der Laden war gut besucht und Rainer bekam einen hervorragenden Dönerteller mit Salat und Pommes. Wieder in der Wohnung zurück, nahm er sich das Telefonbuch und suchte die Nummer der Beerdigungsinstitute in Simmern heraus. Vielleicht könnte er herausbekommen, wann Herr Dechambre seinen Bruder abholen käme.

„Bestattungsinstitut Müller, Bach am Apparat, was kann ich für Sie tun?", meldete sich eine gedeckte weibliche Stimme. Es hätte nur noch gefehlt, dass ein „Herzliches Beileid" mit in die Begrüßung eingeflochten gewesen wäre.

„Weingard ist mein Name, ich hätte gerne eine Auskunft. Können Sie mir sagen, ob sich bei Ihnen der tote Franzose vom Balduinseck befindet?"

Die Stimme am anderen Ende der Leitung räusperte sich. „Ich weiß nicht, ob ich befugt bin, Ihnen Auskunft zu geben."

Das hörte sich doch vielversprechend an, Rainer hatte offensichtlich direkt ins Schwarze getroffen.

„Mein Name ist Weingard, ich habe die Leiche im Wald gefunden und würde gerne ein paar Worte mit dem Bruder des Toten wechseln, wenn er zur Überführung kommt."

„Wenn das so ist, na ja, wir erwarten Herrn Dechambre Donnerstagnachmittag."

Rainer bedankte sich für die Auskunft und legte auf.

Also noch zwei Tage Zeit, sich die richtigen Fragen auszudenken.

SPURENSUCHE

„ALLES WISSEN UND ALLES VERMEHREN UNSERES WISSENS ENDET NICHT MIT EINEM SCHLUSSPUNKT, SONDERN MIT EINEM FRAGEZEICHEN.“
(HERMANN HESSE)

Es wurde Zeit, systematisch an die Sache heranzugehen. Als Webdesigner musste er systematisch denken, um eine vernünftige Navigation auf den Seiten zu erreichen. Er schaltete den Computer an und öffnete eine neue Word-Datei. Sonst arbeitete er mit anderen Programmen, aber für eine einfache Seite reichte das Standardprogramm allemal. Er öffnete es und legte eine Webdatei an. Jetzt musste er nur noch Seiten mit entsprechenden Inhalten versehen und diese miteinander verlinken. Eine Navigationsleiste dazu und fertig war das System. Er wählte eine Startseite mit zwei Fenstern, links ein schmales für die Navigation, rechts ein großes für den Inhalt. Er begann mit der Navigation:

„Balduinseck“
„Ritter“
„Balduin“
„Dechambre“
„Dechambre 2“
„Lasalle“

Dann öffnete er eine neue Seite, und nannte sie *Balduinseck*. Hier kamen alle Informationen hinein, die er über die Ruine sammeln konnte. Dazu ging er ins Netz und lud sich von der Bucher Seite alles herunter, was er brauchen konnte. Als Nächstes kam die Seite mit den Rittern. Auch hier bemühte er das Internet, um die Informationen über Richard und Wirich von Buch zu erhalten. Zusätzlich suchte er über Google noch ein paar Seiten mit Angaben über Ritter allgemein, Kreuzzüge und Burgen heraus und übernahm einiges von diesen Webseiten. Ebenso verfuhr er bei Balduin. Nun kam das schwierigere Gebiet. Dechambre und Lasalle. Rainer tippte ein, was er an Informationen über die beiden hatte. Am Ende verlinkte er alle Seiten miteinander. Die Datei nannte er „*BALDUINSMORD*“.

Rainer arbeitete zwar schnell, aber er bemerkte nicht, wie die Zeit verging. Erst als er den Schlüssel in der Tür hörte, schaute er auf die Uhr und da stand auch schon Doro in der Wohnung.

„Hallo, bist du am Arbeiten?“, fragte sie verwundert.

„Gewissermaßen. Ich habe eine Website mit unserem Problem angelegt, um ein wenig Struktur in das Ganze zu bringen.“ Rainer öffnete das Web und klickte gleich die erste Seite an: „*Baldiunseck*“.

„Schau her: ich habe alle Informationen gesammelt und eingebaut“, erklärte er. Unter *Baldiunseck* war Folgendes festgehalten:

Unmittelbar an der Straße, die von Kastellaun über Buch nach Masterhausen führt, erhebt sich der mächtige Wohnturm des Balduinseck. 1325 hatte der Erzbischof Balduin von Trier hier auf dem Gebiet der Ritter Richard und Wirich von Buch das Recht erworben, einen Burgfrieden abzugrenzen und darauf eine Feste an der Grenze zur Grafschaft Sponheim zu errichten. 1675 wurde das Amtshaus verpachtet, 1711 das Schloss als verwahrlost und 1780 als zerfallen gemeldet. Durch Kriege scheinen keine Zerstörungen stattgefunden zu haben. Die Burgruine gehört heute der Gemeinde Buch.

Dann hatte er die beiden Geschichten aus dem Mastershausener Heimatbuch abgetippt und noch ein Bild der Ruine aus dem Netz heruntergeladen. Als Nächstes klickte er „*Ritter*“ an:

Auch Buch hatte seine Ritter. Als Zeuge einer Schenkung, welche Kaiser Friedrich I. im Jahre 1152 an das Kloster Laach machte, erscheint ein Ritter Herrmann von Buch. Ein anderer Ritter, Werner von Buch, ist als Zeuge in einer Urkunde vom Jahre 1226 angeführt, die einen Streit zwischen Graf Johann von Sponheim und dem Kollegiatsstift von Karden schlichtet. Ferner erscheinen die Gebrüder Richard und Wirich als Ritter von Buch in einer Urkunde des Jahres 1325, in der sie dem Erzbischof Balduin von Trier die Anlegung eines Burgfriedes und einer Feste bei Buch gestatten.

Die Erbfolge der Ritter zu Buch:
Ritter Herrmann von Buch, geb. 1123
Sohn von Herrmann = Heinrich, geb. 1148
Sohn von Heinrich = Wolfram, geb. 1173, nahm teil am vierten Kreuzzug 1202 – 1204
Sohn von Wolfram = Werner, geb. 1206
Sohn von Werner = Georg, geb. 1241
Söhne von Georg = Richard und Wirich, geb. 1270 + 1275

Dazu hatte er einige allgemeine Informationen über das Leben im Mittelalter gesammelt, über das Reisen, die Ritter und die Kreuzzüge. So hatten die Männer, wenn sie einmal das 20. Lebensjahr erreicht hatten, gute Chancen, 40 bis 50 Jahre alt zu werden. Frauen waren weitaus schlechter dran. Das Reisen war eine mühsame und langwierige Angelegenheit und oft auch gefährlich. Ein Pferd kostete so viel wie fünf bis zehn Ochsen. Dazu kamen für einen Ritter noch das Kettenhemd und die Waffen, also keine billige Angelegenheit. Interessant war auch die Geschichte des 4. Kreuzzuges, an dem einer der Bucher Ritter teilgenommen hatte.

DER VIERTE KREUZZUG 1202-1204
Kurz nach seinem Amtsantritt rief der ehrgeizige Papst Innozenz III. im August 1198 zum Kreuzzug auf. Er schickte Gesandte mit Blankovollmachten nach Venedig, um mit den Venezianern über die Anmietung von Schiffen zu verhandeln. Der Doge Heinrich von Dandolo empfing sie und es kam zum Vertrag mit Venedig. Entgegen der öffentlichen Erklärung sollte der Kreuzzug nicht nach Palästina, sondern nach Kairo gehen, weil man davon ausging, dass man von dort die Türken besser bekämpfen könne. Die Kreuzfahrer hatten mit über 30.000 Mann gerechnet, aber gerade mal 10.000 Mann kamen nach Venedig, um von dort die Reise zu beginnen. Bei einem Kassensturz stellten die Kreuzfahrer fest, dass sie die vereinbarte Summe nicht an Venedig zahlen konnten. Der 90-jährige und blinde Doge Dandolo erklärte sich daraufhin bereit, die Schulden zu stunden, wenn die Kreuzfahrer die katholische Stadt Zara für Venedig erobern. Die Stadt wurde geplündert und die Beute wurde je zur Hälfte zwischen den Venezianern und den Kreuzfahrern geteilt. Als Papst Innozenz von der Eroberung der christlichen Stadt hörte, exkommunizierte er das gesamte Heer. Er ließ sich aber von einer Delegation der Kreuzfahrer beschwichtigen und erteilte ihnen die Absolution. Nachdem die Kreuzfahrer den Winter in Zara verbracht hatten, brachen sie nicht wie geplant nach Kairo auf, sondern nach Konstantinopel. Der Grund dafür war, dass Kairo ein wichtiger Handelspartner von Venedig war und der Doge folglich kein Interesse an einem Angriff gegen die Stadt hatte. Der eigentliche Grund dürfte aber der enorme Reichtum der damals größten Stadt der Welt gewesen sein. Am 5. Juni 1203 kam es zum ersten Angriff auf die Stadt, doch die Byzantiner konnten sich erfolgreich gegen ihre christlichen Brüder wehren. Erst im April 1204 gelang es den Kreuzrittern, die Stadt zu erobern. Die Stadt wurde geplündert und am 16. Mai 1204 wurde Balduin von Flandern der erste lateinische Kaiser von Konstantinopel.“

Doro staunte nicht schlecht.

„Das hast du alles aus dem Internet heruntergeladen? Ist ja spannender als jeder Geschichtsunterricht!"

„Es geht noch weiter", beeilte sich Rainer und klickte *„Balduin"* an:

„Balduin von Luxemburg, Kurfürst und Erzbischof von Trier, geboren ca. 1285 in Luxemburg, gestorben 21. Januar 1354 in Trier. – Der jüngste Sohn des Grafen Heinrich v. Luxemburg war Bruder des deutschen Königs (seit 1308) und Kaisers Heinrich VII., wurde zeitweise am französischen Hof erzogen, studierte 1299 – 1307 mit zweijähriger Unterbrechung in Paris Theologie, kanonisches Recht, Mathematik und Astronomie, erlangte schon früh Kanonikate in Metz und Trier und wurde vor 1304 zum Dompropst von Trier gewählt. Er betrieb die Wahl seines Bruders zum Kaiser und begleitete ihn auf seiner Fahrt nach Rom. Seine letzte Ruhestätte fand Balduin im Westchor des Trierer Doms."

„Bis jetzt war es ja einfach, all das wissen wir ja. Schwierig wird es bei den Dingen, die wir nicht wissen", fuhr Rainer fort, „als Nächstes kommt nämlich unser Herr Dechambre, der 1945 zu Tode kam, und zwar unweit der Ruine Balduinseck. Über ihn wissen wir sonst gar nichts, außer was ich im Netz gefunden habe, aber was hat er an der Ruine zu suchen gehabt?" Er klickte auf den Link.

Philipe Dechambre, geb. 14. Juli 1918, Bibliothekarsgehilfe im Kloster Montmajour/Provence, Arles. Verstorben 23. August 1945 durch Jagdunfall in Deutschland.

„Genauso wenig wissen wir über den Dechambre, der jetzt dort ums Leben kam", bemerkte Doro, nahm die Maus und klickte auf *„Dechambre 2"*:

Dechambre, Marcel geb. 1970, franz. Staatsang. und Opfer von ?

„Aber da können wir ja den Bruder fragen, wenn er am Donnerstag nach Simmern kommt. Wir müssen uns nur vorher genau überlegen, was wir fragen und vor allem wie“, antwortete Rainer.

„Und in welcher Sprache“, fügte Doro hinzu, „oder sprichst du Französisch?“

„Un petit peu Mademoiselle, ah oh äh, ce n'est pas une grande chose, Madame.“

„… ja ja ja, und Jeanette, Baguette oh la la. So viel kann ich auch“, lachte Doro.

„Du hast recht, das kann problematisch werden, aber lass uns erst mal die Fragen überlegen. Also, wenn Monsieur Dechambre seine Familienchronik im Kopf hat, dürfte er uns auch ein wenig über seinen Großvater oder Onkel erzählen können, der 1945 hier war. Über seinen Bruder weiß er auch Bescheid. Vielleicht sind wir einfach ganz ehrlich und fragen, was wir wissen müssen.“

„Klar, und er erzählt uns freimütig alles über seine Verwandten, die hier ermordet worden sind. Er ist bestimmt ganz wild darauf“, erwiderte Doro.

„Auch wenn er nicht wild darauf ist, wir müssen ihn fragen, was er über all diese Dinge weiß. Also noch mal: Was war mit 1945 und was wollte sein Bruder hier. Mehr brauchen wir nicht zu wissen“, schloss Rainer.

„Was steht unter der Rubrik Lasalle?“, fragte Doro und klickte auf „*Lasalle*“:

Soldat, tötete Dechambre 1945

„Mehr haben wir nicht, noch nicht!“, entgegnete Rainer.
„Rainer, da fehlt noch eine Rubrik.“

„Und welche sollte das sein?“

„Weingard“

„Aber was habe ich damit zu ...“

Rainer blieb die Frage im Halse stecken, mit einem Mal wurde ihm klar, wie tief er schon in die Geschichte eingetaucht war. Er hatte etwas damit zu tun, er sammelte die losen Fäden zusammen und verband sie miteinander. Er hatte den Toten gefunden, er hatte Zusammenhänge entdeckt und er gehörte in diese Geschichte hinein.

Rainer tippte seinen Namen in die Navigation und legte eine neue Seite an.

„Und was soll hier rein?“, fragend blickte er Doro an.

Die Tiefkühl-Pizza schmeckte nicht schlecht, aber es fehlte trotzdem irgendetwas daran. Waren es die Gewürze oder war es der Teig? Beim Italiener schmeckte die Pizza doch am besten. Mit dieser tiefgreifenden Erkenntnis im Hinterkopf machten sie sich nach dem Essen auf den Weg in den Irish Pub.

Rainer hatte Lust auf ein Guinness und ihm gefiel der Laden, obwohl er ganz und gar nicht eingerichtet war wie die typischen Irish Pubs, die er sonst kannte. Es fehlten die hölzerne Urtümlichkeit, der alte Flohmarktschmodder auf verstaubten Regalen und die alten Bilder der irischen Freiheitskämpfer von 1921 an den Wänden. Aber trotzdem war es gemütlich und die vielen Guinness-Werbeplakate aus verschiedenen Epochen machten einiges wett. Sie nahmen an der Theke Platz und schnell kamen sie ins Gespräch mit dem Wirt.

„Immer wieder neue Gesichter in Kastellaun“, lachte er und reichte Rainer die Hand. „Ich bin der Piero, ich versorge Kastellaun mit Guinness“, fuhr er fort.

„Und ich bin der Rainer und genau aus diesem Grund bin ich hier“, gab Rainer zurück.

„Na Doro, länger nicht mehr gesehen, was macht die Arbeit?“

Piero hatte sich Doro zugewandt, während er sich eine Zigarette ansteckte.

„Du weißt doch, wie das ist – viel Arbeit, wenig Geld“, antwortete sie lächelnd.

„Ja, das kenne ich, geht uns allen so, wir sind alle keine Ackermänner“, gab er mit einem ironischen Unterton zurück.

Sie bestellten sich zwei kleine Guinness und Rainer beobachtete den Wirt, wie er geübt das braune Gebräu in die Gläser zapfte. Rainer schätze ihn auf Mitte dreißig, seine Haare waren auf ein paar Millimeter gestutzt und am Kinn wuchs ein schmaler Bart. Beim Lächeln glänzten seine braunen Augen und er strahlte eine gewisse Spitzbübigkeit aus.

„Und Rainer, hast du dir das auch gut überlegt mit dem Hunsrück?“, fragte er unvermittelt, als er ihnen die Gläser hinstellte. „Ist ja gefährlich hier geworden. Früher gab’s nur Schlägereien mit den Jugendlichen mit Migrationshintergrund, wie man so schön sagt. Heute muss man aufpassen, dass man nicht erschlagen wird“, fuhr er fort.

Der Mord am Balduinseck war natürlich Stadtgespräch und im sonst eher beschaulichen Kastellaun machten jede Menge Gerüchte die Runde. Piero versorgte sie mit allen Variationen. So erzählten die einen, es habe sich um ein Eifersuchtsdrama gehandelt. Im Urlaub habe eine Frau aus Buch den Franzosen kennengelernt und dieser sei dann hierher gekommen und sicher hätte der Freund oder Ehemann den Nebenbuhler am Balduinseck erschlagen. Andere glaubten eher an eine Abrechnung unter Ausländern. Wieder andere stellten die Theorie auf, es handele sich um einen fingierten Selbstmord. Allen gemeinsam fehlte jedoch die Erklärung, wie ein Franzose aus der Provence an die Ruine gekommen war und was er gerade dort wollte. Das beruhigte Rainer insgeheim, da noch kein Gerücht über eine vermeintliche Schatzsuche aufgekommen war.

Mittlerweile hatte sich die Kneipe gefüllt und neben Doro und Rainer hatte sich ein illustres Grüppchen versammelt, anscheinend Stammgäste des Pubs, die sich direkt mit ins Gespräch einschalteten. Berührungsängste hatte man hier nicht, was Rainer gut gefiel. Doro kannte wohl den ein oder anderen vom Sehen, wie man sich eben in einer Kneipe so kennt. Während sie sich mit einer jüngeren Frau mit schwarzer Lockenpracht und FC-Bayern-T-Shirt unterhielt, steckte sich neben Rainer ein anderer Gast eine Zigarre an.

„Ich hoffe, das stört nicht?“, stellte er die rhetorische Frage an Rainer. „Solange man noch in der Kneipe kann“, fuhr er fort und deutete auf die qualmende Zigarre.

„Ist schon o.k., ich rauche selbst“, antwortete Rainer. Sein Nebenmann war in seinem Alter, hatte eine akkurat geschnittene Kurzhaarfrisur und um den Mund einen ebenso sauber getrimmten Bart. Schwarze Jeans und schwarzes Hemd mit Bügelfalten erweckten den Eindruck, dass es sich um einen sehr korrekten Menschen handeln musste.

Piero stellte ihm sein Guinness und einen Whisky nebst kleiner Wasserkaraffe zum Verdünnen hin. Genüsslich nippte er erst am Whisky, bevor er einen kleinen Schuss Wasser dazugab.

„Dann kommt das Aroma besser zur Geltung“, belehrte er Rainer, der erstaunt zugeschaut hatte. Rainer kannte das typisch englische Getränk nur pur, mit Eis oder in Cola.

„Darf ich vorstellen?“, kam es von Piero, „Marcus, unser Gourmet, und das ist Rainer, ein Freund von Doro.“

Im weiteren Gespräch erfuhr Rainer, dass Marcus eigentlich Koch war, aber als Ausbilder in der Hunsrück-Kaserne arbeitete. Das erklärte für Rainer auch dessen akkurates Auftreten, denn als Ausbilder sollte man ja Vorbild sein. Sie unterhielten sich noch ein paar Guinness lang über Gott und die Welt, und als Doro und Rainer auf dem Heimweg waren, schlenderten sie glücklich Hand in Hand durch Kastellaun.

Rainer schlief in dieser Nacht unruhig, er träumte von kämpfenden Rittern, schnaubenden Rössern und Toten in karierten Hemden. Einem ganzen Schlachtfeld voller Toter in karierten Hemden und mittendrin stand er, Rainer Maria Weingard, der eigentlich mit nichts zu tun hatte und nur Doro lieben wollte.

Er wachte auf, langsam kam ihm die Erinnerung: Er sah im Traum Doro vor sich – in einem karierten Hemd. Er stand auf, ging zum Kühlschrank und holte sich Wasser heraus. Es roch in der Küche anders als sonst, aber Rainer kam nicht drauf, was es war. Gerade als er ansetzte, um aus der Flasche zu trinken, bemerkte er aus den Augenwinkeln heraus eine Bewegung, die dort nicht hingehörte. In dieser Ecke der Küche gab es nichts Bewegliches. Rainer schnellte erschrocken herum und dann traf ihn ein harter Schlag auf den Kopf. Beim Fallen wollte er noch nach Doro rufen, aber dann war alles dunkel.

Im Hunsrück, März 1324

Die Zeiten waren unsicher geworden, noch unsicherer als sonst, seit Balduin von Luxemburg mit einer Reihe von Intrigen erst seinen Bruder Heinrich und dann seinen Neffen Karl IV. auf den Kaiserstuhl gehievt hatte. Der Zorn der Sponheimer hatte sich zu blankem Hass gesteigert und sie versuchten alles, um den Einfluss von Balduin so gering wie möglich zu halten. Mit wenig Erfolg.

In die Mühlsteine der großen Politik gerieten sie ungewollt, aber nun waren sie auf einmal mittendrin. Richard von Buch ging aus dem Haus, um seinem Bruder entgegenzusehen, der gerade aus Trier zurückkam. Hatte er gute oder schlechte Nachrichten? Wenn sie jetzt überleben und das Familienerbe sichern wollten, mussten sie sich zur rechten Zeit auf die richtige Seite schlagen. Bisher konnten sie sich aus allem raushalten, wie es ihnen ihr Vater und der Großvater immer gepredigt hatten. Aber nun war die Zeit des Abtauchens leider vorbei. Das Erbe des Urgroßvaters, der damals beim Kreuzzug sein Glück gemacht hatte, erlaubte ihnen, in bescheidenem Wohlstand zu leben. Nie kam aber heraus, dass sie sich wesentlich mehr hätten leisten können, als sie es taten.

„Das beschwört nur die Neider herauf und wir müssen unserem Landesherren unser Gold abgeben, damit er in Saus und Braus leben kann“, sagte ihr greiser Großvater immer wieder.

„Aber wir können mit Bescheidenheit unsere Nachfahren noch davon ernähren!“ Das hatte sein Vater ihm wohl auch eingetrichtert. Der Familienschwur hieß „Silentium“, schweig stille! Kein Wort über des Urgroßvaters Abenteuer, über den Schatz des französischen Ritters, den Wolfram von Buch dereinst aus Frankreich bei einer alten Abtei ausgegraben und in den Hunsrück mitgebracht hatte. Jetzt konnte das Gold oder zumindest ein Teil davon ihr Leben retten.

Wirich von Buch kam den Weg zum befestigten Hof der Ritter zu Buch langsam auf dem alten Gaul heraufgetrabt. Er sah seinen Bruder am Tor stehen, und als er es erreichte, stieg er ab.

„Wie war die Reise?“, Richard war ungeduldig.

„Gut, mein Arsch tut weh“, antwortete Wirich.

„Wenn es sonst nichts ist. Hat er angebissen?“

„Ja, hat er.“ Wirich grinste: „Jetzt aber was zu essen, ich verhungere. Lass uns ein Huhn schlachten!“

Wenn Wirich, welcher der Geizigere der Brüder war, ein Huhn schlachten ließ, dann war wirklich alles gut gegangen.

Zerstreuung

„Abwechslung ist immer süß.“ (Euripides)

Es war kalt und feucht und tat sehr weh. Rainer öffnete die Augen und fühlte sich an den Kopf, wo etwas Kaltes in einem Handtuch eingewickelt darauf lag. Ein fremder Mann in weißem Kittel mit rotem Kreuz darauf redete ruhig auf ihn ein.

„Ah, da isser ja wieder. Ganz ruhig, nicht aufregen. Können Sie mich verstehen?“

Wieso nicht aufregen? Was war passiert?

„Doro“, entfuhr es Rainer, „was ist ...“, da wurde es auch schon wieder dunkel.

Als er das nächste Mal aufwachte, lag er weich in weiße Decken gehüllt in einem Bett. Alles schien anfangs so weich und weiß, dass Rainer Angst bekam. Die wich jedoch sofort, als er eine Krankenschwester erkannte, die ihn freundlich anlächelte.

„Na, haben wir ausgeschlafen?“

Dann sah er Doro ins Zimmer kommen, im Schlepptau hatte sie Schneiders.

„Was ist passiert?“, fragte Rainer und er bemerkte, wie schwach sich seine Stimme anhörte.

Doro umarmte ihn und er spürte Tränen auf seiner Wange. Stand es so schlecht um ihn?

„Bei uns wurde eingebrochen und du hast den Täter erwischt. Leider hat er dich dann auch erwischt. Er hat dich k.o. geschlagen mit einem Stuhl, und du bist so unglücklich gefallen, dass du eine ganz schön dicke Beule am Kopf hast.“

„Und den Computer hat der Dieb durchsucht“, schaltete sich Schneiders ein, „was hat er bloß gesucht?“

„Ich dachte, Sie sind bei der Mordkommission? Das war doch Diebstahl bei uns“, erwiderte Rainer.

„Das war Raub mit schwerer Körperverletzung, oder haben Sie den Kerl etwa eingeladen?“

„Nein, natürlich nicht.“

„Rainer, ich habe Herrn Schneiders den Computer gezeigt mit dem, was du dort gesammelt hast.“

Doro hielt Rainers Hand.

„Schatzsuche im Hunsrück, das ist doch mal ein Motiv!“ Schneiders triumphierte.

„Da haben wir ein wunderbares Motiv und das rückt Sie wieder ganz nah in den ohnehin nicht sonderlich großen Kreis der Verdächtigen!“

„Ach Quatsch“, entfuhr es Doro, „Rainer ist doch kein Mörder! Außerdem wird er sich die Gehirnerschütterung ja nicht selbst zugefügt haben, oder? Finden Sie den Einbrecher und Sie haben Ihren Mörder!“

„Schon gut, Frau Thomas“, wiegelte Schneiders ab, „dann lassen Sie aber auch das Versteckspielen und überlassen Sie die Polizeiarbeit auch uns. Wenn Sie wieder hier raus sind, melden Sie sich sofort bei mir, haben Sie verstanden, Weingard?“

Rainer nuschelte ein „Ja“ und Schneiders stob davon.

„Was hast du ihm noch erzählt?“, wollte Rainer sofort wissen.

„Na, deine Website habe ich ihm gezeigt“, antwortete Doro genervt.

„O.k., ist in Ordnung ... musst du heute nicht arbeiten?“, lenkte Rainer ab.

„Nein, ich habe bis zum Wochenende frei, weißt du doch“, gab Doro zurück.

„Ist heute nicht Mittwoch?“

„Heute ist Donnerstag, du hast einen ganzen Tag verschlafen ...“

„Scheiße, ich muss sofort hier raus, zum Beerdigungsinstitut, Dechambre treffen!“

Rainer schlug die Decke zurück und setzte sich auf. Er bemerkte, dass er eines dieser weißen Leibchen anhatte, die nur hinten zugebunden sind. Schlagartig tat ihm der Kopf weh und er fasste sich an die Beule, die ein beachtliches Ausmaß hatte.

„Bleib liegen, um Gottes willen, Rainer, du bist krank.“ Doro versuchte ihn aufzuhalten, aber Rainer war schon aufgestanden und im gleichen Moment zusammengesunken wie ein nasser Sack. Doro schaffte es gerade noch, ihn so zu halten, dass er nicht wieder auf den Boden knallte. Durch den Lärm alarmiert kam auch schon eine Schwester herein und hievte Rainer mit einem leisen Fluchen auf den Lippen wieder ins Bett.

„Bleiben Sie wohl im Bett liegen! Sonst müssen wir Sie noch ans Bett fesseln“, sagte sie mit strengem Ton in Richtung Rainer, während sie Doro mit einem Auge zuknipste.

„Er wird jetzt vernünftig sein“, versprach Doro.

Rainer musste zwei Tage im Krankenhaus bleiben und wurde samstags entlassen mit der Auflage, sich ruhig zu verhalten und am Montag den Hausarzt zu konsultieren. Doro holte ihn morgens ab und sie fuhren sofort nach Hause, wo sich Rainer aufs Sofa legte.

„Jetzt haben wir Dechambre verpasst“, fing Rainer an.

Doro unterbrach ihn: „Hast du immer noch nicht genug? Du könntest tot sein und ich auch. Zum Glück hatte der Kerl mehr Interesse am Computer als an mir.“

„Wenn ich nicht aufgestanden wäre, um was zu trinken zu holen, hätte er mir auch nichts getan. Ich hatte zwei Tage Zeit zum Nachdenken im Krankenhaus. Wenn er mich hätte töten wollen, dann hätte er es getan. Nein, nein, der wollte was anderes! Der wollte wissen, was wir wissen. Nur deshalb ist er eingebrochen und hat sich am PC zu schaffen gemacht.“

„Und woher hat er gewusst, wo du zu finden bist? Woher hatte er unsere Adresse?“

Rainer schmunzelte.

„Was gibt es da zu lachen?“ Doro war sauer.

„Wie schön du das gesagt hast: unsere Adresse.“

Jetzt musste auch Doro lächeln und sie umarmten sich.

„Ich will dich doch nicht in Gefahr bringen, aber wir, oder besser ich, stecke jetzt schon so tief drin, dass ich wissen muss, was da passiert ist.“

„Am Montag hast du erst mal einen Termin beim Doktor und dann bei Schneiders“, entgegnete Doro, „dann sehen wir mal weiter.“

„In Ordnung, Montag sehen wir weiter. Und was machen wir am Wochenende?“

„Ich denke, du bist noch nicht so fit, dass wir großartig was unternehmen könnten.“

„Es ist fast Sommer, das Wetter ist klasse, ich kann nicht das ganze Wochenende hier drin rumsitzen. Im Krankenhaus war ich schon total genervt davon, nichts tun zu können.“

„Dann lass uns mal schauen, was alles so los ist heute und morgen.“

Doro nahm sich das Amtsblatt vor und blätterte es durch.

„Hey, in Sohren sind heute die Hunsrück-Highland-Games, in der Stadt hängen die Plakate!“

„Die was?“, fragte Rainer nach.

„Die Hunsrück-Highland-Games“, antwortete Doro geduldig, „also, es gibt Disziplinen wie Baumstamm-Weitwerfen, Erdbungee, Steine werfen und so weiter. Alle, die mitmachen, sind mit Kilts gekleidet. Außerdem sind da auch so Workshops wie Dudelsack bauen und solche Sachen. Ist immer ganz lustig. Abends ist dann noch ein Folk-Festival mit verschiedenen Gruppen.“

„Zum Baumstamm-Weitwerfen bin ich, glaube ich, nicht fit genug“, gab Rainer zu bedenken.

„Brauchst du ja gar nicht. Die Gruppen sind ja schon vorher angemeldet, da kann nicht jeder einfach kommen und mitmachen, aber das Zusehen ist schon lustig genug!“

„In Ordnung, dann lass uns mal aufbrechen und die Highland-Games besuchen“, meinte Rainer unternehmungslustig.

„Wir müssen nur abends zurück sein, Onkel Georg hat heute Geburtstag, aber das schaffen wir schon zeitlich“, antwortete Doro.

Sie fuhren über die Hunsrückhöhenstraße bis zur Abzweigung nach Sohren. Gelbe Rapsfelder wechselten sich mit grünen Feldern ab und die Landschaft sah aus wie eine überdimensionale Patchworkdecke. Der blühende Raps schickte seinen süßen Duft durch die Lüftungsanlage des Wagens und es schien, als würde er durch die Sonnenstrahlen bis in den letzten Winkel des Hunsrücks getragen.

„Hier kommt man übrigens schneller zum Hahn als über Kirchberg“, erklärte Doro, „man ist nämlich hier direkt auf dem Flugplatzgelände und fährt von hinten auf die Parkplätze.“

Ein paar Minuten später waren sie in Sohren und mit Glück fanden sie auch schnell einen Parkplatz. Die Spiele hatten schon angefangen und Rainer schaute verwundert einem Damen-Team zu, das gerade beim „Baumstamm-Weitwerfen“ war. Den ca. 2,50 Meter langen Stamm auf die Schulter gestützt und mit beiden Händen vor dem Körper gehalten gab es nur Punkte, wenn der Stamm sich in der Luft einmal überschlug. Eine gar nicht so einfache Aufgabe, auch für die Männer. Sie schlenderten weiter zu den Zelten mit den Workshops und lugten hier und da mal hinein. Es wurde irisch getanzt und in einem anderen Zelt bastelten einige Leute an Dudelsäcken herum. Ob da jemals ein Ton rauskommen würde, schien fraglich.

Vor der Bürgerhalle waren Essensstände und Bierbrunnen aufgebaut und Doro schlug vor, ein Steakbrötchen zu essen.

„Es gibt doch nichts Besseres als so ein Schwenksteak vom Holzkohlegrill“, bemerkte sie mit vollem Mund und Rainer konnte ihr nur beipflichten. Dazu tranken sie ein frisch gezapftes Guinness und Rainer war mit sich und der Welt zufrieden.

„Was könnte es Schöneres geben? Mit einer hübschen Frau, die man liebt und von der man auch geliebt wird, bei schönstem Wetter mit Steak und Bier auf einem schottischen Fest im Hunsrück", dachte er bei sich.

Sie gingen weiter und kamen zum Erdbungee, wo eine Meute Männer einen ihrer Mitspieler anfeuerte. Der Arme hatte ein dickes Gummiseil umgebunden und musste einen Holzpflock so weit wie möglich bringen und in den Boden stecken. Der mittlerweile schon zertretene Boden und das Gummiseil taten das Ihre dazu, dass er immer wieder zurückrutschte. Umso mehr kamen die Anfeuerungsrufe, bis die Zeit abgelaufen war.

Neben und hinter der Halle gab es Bogenschießen, Speer- und Steinewerfen und einen Hindernisparcours, den die Teams teilweise mit einem riesigen Ski, auf dem nur der rechte oder linke Fuß festgemacht wurde, durchlaufen mussten. Eine Herausforderung für den Gleichgewichtssinn und die Koordinationsgabe, der nicht jeder Teilnehmer gewachsen war.

Die Zuschauer hielten sich jedoch mit ihrer Schadenfreude zurück, dachte sich doch jeder, es auch nicht besser zu können. Mittlerweile war es später Nachmittag geworden und Rainer merkte, dass er doch noch nicht so fit war, wie er es gerne gehabt hätte.

„Doro, ich bin irgendwie müde…", gab er zu, „lass uns nach Hause fahren. Dann kann ich noch ein wenig ausruhen, bevor wir zu deinem Onkel fahren."

„Wir?"

„Ja, wir, oder nimmst du mich nicht mit?"

„Doch doch, wenn du das verkraften kannst ...", grinste Doro.

Onkel Georg hatte den Grill schon angefeuert und Tante Frieda brachte gerade eine Platte mit Steaks und Würstchen nach draußen. Sie hatte eine geblümte Bluse in allen Farben der Welt über ihr üppiges Dekolletee geschwungen und grinste freundlich. Ihre kurzen kastanienbraunen Haare waren adrett geschnitten, man sah, dass sie wohl für den Geburtstag ihres Mannes extra noch beim Frisör gewesen war. Die braunen Augen blickten aufgeregt zwischen Doro und Rainer hin und her.

„Hallo Doro, das ist aber lieb von dir, dass du vorbeischaust", begrüßte Tante Frieda die Ankömmlinge und fuhr in einem Atemzug fort: „... und wen hast du uns da mitgebracht? Hallo, ich bin die Frieda!" Sie streckte Rainer die Hand entgegen.

„Guten Tag, Weingard, Rainer Weingard."

„Sie haben also unserer Doro das Leben gerettet?"

„Na ja, eigentlich hat sie mich gerettet ..."

„Papperlapapp, Sie haben den Einbrecher in die Flucht gejagt, das sagt jedenfalls die Polizei und in der Zeitung stand es auch so."

Tante Frieda ließ sich auf keine Diskussion ein und Rainer akzeptierte es. So ein kleiner Held zu sein, ist ja auch nicht schlecht.

Doro war schon zum Grill gegangen und umarmte ihren Onkel stürmisch.

„Alles Liebe zum Geburtstag, Onkel Georg!"

„Das mit dem Onkel sollst du doch lassen, das macht mich so alt ..."

„Na ja, mit 51 ist man ja auch nicht mehr so richtig jung, oder?"

Rainer kam dazu und gratulierte. Während er die Hand von Onkel Georg schüttelte, wurde er von diesem eindringlich gemustert. Auch er hatte grüne Augen, ganz wie seine Nichte. Sein graues Haar war kurz geschoren, auch er hatte sich für seinen Ehrentag hergerichtet. Die Grillzange in der Rechten fuchtelte er damit in der Luft herum.

„Was hört man denn da aus Kastellaun? Einbrecher bei unserer Doro?“

„Alles halb so schlimm, Onkelchen, ist wieder alles in Ordnung“, versicherte diese.

„Und Sie waren im Krankenhaus?“, ließ er nicht locker.

„Ja, bis gestern“, antwortete Rainer, „ich habe was über den Schädel bekommen und bin dann auch noch unglücklich hingefallen. War nicht sehr angenehm, aber jetzt ist alles wieder o.k., wie Doro sagt.“

„Darauf trinken wir nachher noch einen guten Selbstgebrannten, mein Junge!“

Onkel Georg schlug Rainer freundschaftlich auf die Schultern und widmete sich wieder seinen Steaks auf dem Grill.

Er war für seine enorme Körperfülle recht beweglich, und während er das Fleisch auflegte, kam Tante Frieda mit Getränken aus dem Haus. Sie war eine jener Frauen, die es nicht ertragen können, einmal für zwei Minuten still zu sitzen und einfach nichts zu tun. Ständig wuselte sie umher, holte dies, brachte jenes wieder ins Haus. Nicht nur Rainer machte das dauernde Hin und Her nervös.

„Nun setz dich doch endlich mal hin Tante Frieda“, schimpfte Doro sanft, „die Teller können wir doch gleich zusammen holen.“

„Übt sie wieder den Marathonlauf? Macht euch nichts draus, ich hab mich schon dran gewöhnt“, kommentierte Onkel Georg vom Grill her.

Oma Liesel war auch da und begrüßte die beiden herzlich.

„Mei Juh, Kindchen, ist euch auch nichts passiert?“

„Bis auf eine dicke Beule ist alles bestens, Oma“, meinte Doro.

„Gott sei Dank, man hört ja auch so viel und in der Stadt ist es ja doch gefährlicher als bei uns ...“

„Ja, Oma Liesel, ist gut, es ist doch alles in Ordnung. Wie geht es dir denn so?“ Doro konnte es langsam nicht mehr hören, das Heile-Welt-Gerede vom Dorf und wie gefährlich die Stadt sei. Sie wohnte in Kastellaun, nicht in Berlin oder Frankfurt.

„Gut, gut, mir geht es gut!“, antwortete die alte Dame.

„Wie schön das Wetter jetzt schon ist, nicht wahr.“

Rainer wechselte das Thema auf etwas Unverfängliches und gleich redeten alle über den milden Frühling und den warmen Vorsommer.

Nach und nach füllte sich der Garten mit Nachbarn und Verwandten und es entwickelte sich ein lebhaftes Geburtstagsfest. Rainer musste sich an den Slang gewöhnen, was ihm aber recht schnell gelang. Koblenz ist ja auch nicht auf dem Mond und Platt wird dort auch gesprochen, zumindest von der älteren Generation. Die Gesprächsthemen reichten von der Kritik am Bürgermeister und seinen teuren Bauvorhaben bis zur Möbelfirma und den Managern, die mit dicken Abfindungen rausgeworfen wurden, während die Arbeiter auf ihr Weihnachtsgeld verzichten mussten.

„Alles wie überall in Deutschland“, dachte Rainer bei sich, „konzeptlos, kompetenzlos, aber teuer.“

Doro unterhielt sich angeregt mit ihrem Cousin Berti. „Und wie fährt sich so ein Teil?“, hörte er sie fragen.

„Ganz normal, ganz einfach. Du musst natürlich aufpassen, wenn es eng wird, und beim Überholen brauchst du mehr Platz und Zeit, aber das geht schon. Man fährt ja in Urlaub, da sollte man Zeit haben.“

Rainer schaute Doro fragend an.

„Wir reden gerade vom Wohnmobil. Onkel Georg hat sich letztes Jahr zum 50. eins geschenkt.“

„Ah, jetzt verstehe ich“, antwortete Rainer.

„Noch ein Bier?“ Berti war schon aufgestanden und hatte die leeren Flaschen in der Hand. Obwohl es bereits anfing zu dämmern, hatte Berti sein Hemd noch aufgeknöpft und man erkannte einen gut gebauten Körper, der anscheinend immer gut trainiert wurde. Sein Drei-Tage-Bart erregte zwar die Missgunst seiner Mutter, was ihn nicht störte. Breit grinsend lugte er schelmisch aus seinen braunen Augen, während er im Vorbeigehen einem seiner Kinder liebevoll über den Kopf streichelte.

„Gerne", rief ihm Rainer hinterher, der zwar schon die vorherigen Biere merkte, aber auf keinen Fall schlappmachen wollte.

„Du warst gestern noch im Krankenhaus, erinnerst du dich?", bemerkte Doro spitz.

„Schwach, ja da war was, aber das ist doch schon lange her ..."

Berti kam wieder und sie unterhielten sich weiter über Wohnmobile, Fußball, Arbeit und nach der vierten Runde Schnaps und einigen Bieren zum Nachspülen schien es, als würden Rainer und Berti sich schon seit dem Kindergarten kennen. Doro fand ihr Verhalten auch dementsprechend, amüsierte sich aber köstlich über die beiden. Sie hatte Mühe, Rainer nach Hause zu bekommen, und als er sich die Treppen hochgekämpft hatte und auf dem Sofa lag, schlief er sofort ein.

SCHNITTBLUMEN IM WALD

„STETS FINDET ÜBERRASCHUNG STATT,
DA, WO MAN'S NICHT ERWARTET HAT."
(WILHELM BUSCH)

„Zum Glück gibt es Sonntage zum Ausschlafen und Aspirin." Zu mehr Gedanken war Rainer nicht fähig, als Doro Frühstück machte. Gegen Mittag stand er auf, duschte sich und begab sich an den Frühstückstisch.

„Na, einen neuen Freund fürs Leben gefunden gestern?", frotzelte Doro.

„Warum nicht? Er ist immerhin dein Cousin."

„Und er redet gerne ..."

„Na besser als so ein Mr. Taubstumm, dem man alles aus der Nase ziehen muss", entgegnete Rainer.

„Gut, was machen wir heute? Bist du jetzt endlich fit? Die Sonne scheint, es ist warm ..."

„Wie wär's mit einem kleinen Spaziergang im Wald?", schlug Rainer vor, „da gibt es doch die Stelle, wo damals der Dechambre angeschossen wurde. Das ist doch auf dem historischen Rundweg um Mastershausen irgendwo."

„Du kannst es nicht lassen. Komm, schau mich nicht so unschuldig an. Na gut, wir gehen dorthin. Ich weiß zwar nicht, was das bringen soll, aber egal", gab Doro nach.

„Doro, ob wir da spazieren gehen oder irgendwo anders, das ist doch gleich. Ich würde die Stelle halt gerne mal sehen."

Sie fuhren bis zur Ruine und parkten dort. Auf der gegenüberliegenden Straßenseite führte kurz vor der Kurve mit einem Bildstock ein Weg rechts in den Wald hinein. Es war ein schöner Tag und in der Mittagszeit war es schon so warm, dass Rainer froh war, im Schatten des Waldes zu gehen. Der Weg führte über mehrere Serpentinen stetig nach oben.

Rainer zog Doro näher an sich heran und sie schmiegte sich an ihn. Es dauerte nicht lange, da standen sie eng umschlungen, sich küssend unter den Bäumen. Kichernd ließen sie sich fallen, der Waldboden war weich, roch so ursprünglich wie es die Gefühle der beiden Liebenden waren. So verzögerte sich ihr Spaziergang um eine ganze Weile und sie brauchten fast zwei Stunden, bis sie an ihr Ziel kamen.

Vom Weg aus, der jetzt ein schmaler Pfad geworden war, sahen sie ein Schild auf dem „*Geiselnahme 1945*" stand. Darunter stand derselbe Text wie auf der Mastershausener Internetseite, dass hier in der Nähe der Soldat 1945 angeschossen wurde und so weiter.

Unter dem Schild lag ein Strauß Blumen, sie waren fast noch frisch.

„Ich glaube, ich weiß, wo noch ein Strauß liegt.", Rainer atmete schwer, die Angst hatte sich wieder angeschlichen wie ein dunkler Schatten.

Bei Buch, im Sommer 1335

Was Balduin verlangte, war nicht wenig, aber damit hatten sie gerechnet. Sie mussten für ihre Sicherheit und die ihrer Familien und Nachfahren bezahlen. Besser mit Gold als mit dem Leben und so wurden sie sich damals mit dem mächtigen Kurfürsten und Bischof einig. Die Burg stand nun schon ein paar Jahre und bot den Rittern zu Buch eine feste Heimstätte. Zwar hatte das Sagen auf der Burg ein Abgesandter des Bischofs, aber die heimliche Macht hatten immer noch Richard und Wirich.

„Er spioniert uns nach, der Wicht."

„Mein lieber Richard, glaubtes du, er sei blind? Er bekommt doch auch mit, dass wir vermögend sind."

„Sollen wir ihn be- oder erstechen?"

„Vielleicht eines nach dem anderen. Zunächst lassen wir die eine Magd aus Mastershusen kommen, die mit den flinken Fingern. Sie lenkt ihn ab. Hilft alles nichts, wird er einen Unfall haben, es ist ein wildes Land hier und ein unbedachter Schritt am Abhang ist schnell getan."

„Wir müssen ein anderes Versteck suchen. Hier auf der Burg sind zu viele Augen."

„Gerade hier auf der Burg wird niemand suchen. Außerdem kennt keiner unser Geheimnis. Der Fels ist stumm und tief, sei gewiss, mein Bruder."

Doro nahm Rainers Hand und sie traten den Rückweg an, diesmal ohne Verzögerung und es war wesentlich unromantischer als auf dem Hinweg.

An der Ruine angekommen, gingen sie zu der Stelle, wo Rainer den Toten fand. Natürlich lag auch hier ein Strauß Blumen, fast derselbe wie im Wald am Schild und auch genauso frisch.

„Wann hast du noch mal Urlaub?“, fragte Rainer nachdenklich, als sie wieder im Auto saßen und Richtung Kastellaun fuhren.

„Ich hatte mir schon Anfang des Jahres für die nächsten zwei Wochen Urlaub eingetragen. Dann sind noch keine Ferien, es ist aber schon angenehm warm, auch hier im Hunsrück. Ich kann also wegfahren oder hierbleiben, wieso fragst du?“

„Meinst du, dein Onkel würde uns das Wohnmobil für eine Woche oder so leihen?“

„Keine Ahnung, wo willst du denn hin?“

„Südfrankreich, ich habe einige Fragen an Herrn Dechambre.“

„Und ich dachte schon, du wolltest mir Irland zeigen.“

„Wenn das alles hier vorbei ist, fahren wir nach Irland, ich verspreche es dir! Aber erst ist Dechambre dran.“

„Findest du das nicht zu gefährlich?“

„Wenn der Einbrecher mich hätte töten wollen, hätte er es getan. Und wer durch den halben Hunsrück wandert, um Blumen abzulegen, der scheint mir auch nicht allzu gefährlich.“

Den Rest vom Nachmittag verbrachte Rainer im Internet und immer, wenn er etwas Interessantes über Südfrankreich entdeckte, musste Doro vom Sofa hoch und es sich ansehen, sodass sie sich nach einer halben Stunde einfach neben Rainer setzte und mitsurfte. Die Heimat der Dechambres schien auch ihre Reize zu haben: Fontvieille lag in der Provence mit ihren Lavendelfeldern, kleinen schroffen Gebirgen, mittelalterlichen Burgruinen, römischen Theatern und Aquädukten, ein Landstrich reich an Kultur und anscheinend sehr sehenswert. Doro konnte sich mit dem Gedanken, all das einmal vor Ort sozusagen „live“ zu erleben, gut anfreunden.

Am Abend hatten sie es sich auf dem Sofa gemütlich gemacht und Rainer stöberte in der Fernsehzeitschrift nach einem annehmbaren Film für den Abend.

„Hast du was gefunden?“, fragte Doro

„Kommt drauf an, was du sehen willst. Auf den gebührenfreien Sendern kommen wie immer irgendwelche Auswanderer, Einwanderer, vermüllte Wohnungen, unerzogene Kinder …“

„Schon gut“, unterbrach Doro, „ich dachte eher an einen schönen Spielfilm.“

„Was denn? Krimi, Science Fiction, Liebesfilm, Komödie? Welche Filme magst du?“

„Na ja, es sollte schon spannend sein, aber keine platte Action wie bei Rambo oder so. Es muss eine gute Story sein und gute Schauspieler sollten natürlich auch nicht fehlen.“

„Das ist ja eine sehr genaue Beschreibung!“, frotzelte Rainer spöttisch.

„Ja, dann sag du doch mal, welche Filme du gut findest“, entgegnete Doro fast beleidigt, während sie Rainer die Zeitschrift abnahm.

„Ok, ich mag solche Filme wie ‚Der Duft der Frauen’ mit Al Pacino“, antwortete Rainer.

„Den kenne ich auch, der ist gut“, pflichtete ihm Doro bei.

„Darin ist eine der besten Filmszenen überhaupt: Al Pacino tanzt als Blinder einen Tango, göttlich gespielt. Der Typ ist ein Genie“, Rainer kam ins Schwärmen und fuhr fort. „Oder die Schlussszene in ‚Der Club der toten Dichter’, wo ein Schüler nach dem anderen auf sein Pult steigt und sagt ‚Oh Capt’n mein Capt’n’, als der Lehrer, Robin Williams, gehen muss.“

„Ja das war ergreifend“, meinte Doro, der jetzt auch etliche Filmszenen einfielen.

„Weißt du bei welcher Szene ich mich immer kaputtlachen muss? Egal wie oft ich den Film sehe?“, gluckste sie, „bei ‚Geschenkt ist noch zu teuer’ mit Tom Hanks, als die Badewanne in den darunter liegenden Stock kracht und Tom Hanks einen Lachanfall bekommt. Alles in dem Haus ist ja baufällig. Das ist so saukomisch. Oder den ganzen Film ‚Die fabelhafte Welt der Amelie’, da ist eine Szene skurriler als die andere, aber ein phantastischer Film, mit so viel Tiefgang und Witz“, schwärmte Doro weiter.

„Aber ‚Die fabelhafte Welt der Amelie‘ ist ein gutes Beispiel für einen europäischen Film. So was in der Art können die Amis in Hollywood gar nicht drehen. Da sind die zu flach für. Bis auf ganz wenige Ausnahmen gibt es keine gut gemachten tiefgehenden Filme aus Hollywood“, sinnierte Rainer.

„Und was ist mit Woody Allen?“ widersprach Doro, „ich meine nicht die Blödel-Filme. Ich meine zum Beispiel Manhattan’ oder ‚Der Stadtneurotiker’ oder die ‚Mittsommernachts-Sex-Komödie’. Das sind tolle Filme. Ich habe auf einem der Dritten Programme mal eine Retrospektive gesehen, da kamen fast alle Filme, die er gemacht hat. Und selbst ‚Die letzte Nacht des Boris Crutschenko’ ist hintersinnig. Also so flach darf man das auch nicht sehen, dass die Amis keine guten Filme machen können.“

Rainer war erstaunt. Hatte Doro da gerade von Woody-Allen Filmen gesprochen? Wenige Leute können mit Woody Allen etwas anfangen. Die meisten kennen ‚Mach’s noch einmal Sam’ und ‚Was sie schon immer über Sex wissen wollten’. Aber die richtig guten wie ‚Manhattan’ oder auch die einzigartige ‚Mittsommernachts-Sex-Komödie’, Filme die auf arte oder den Dritten Programmen nach dreiundzwanzig Uhr liefen, waren vielen Leuten leider unbekannt.

„Ja, da hast du recht. Woody Allen ist brillant. Aber das ist ja auch nicht sein richtiger Name, er hat einen deutsch klingenden Namen, ich komm nicht drauf“, überlegte Rainer.

„Robert Zimmermann?“, kam es von Doro.

„Nein, das ist doch Bob Dylan“, entgegnete Rainer und runzelte die Stirn.

„Ist ja auch egal, Rainer, vielleicht fällt es dir später ein. Das ist immer so, wenn man gar nicht mehr über etwas nachdenkt, kommt die Erleuchtung von alleine.“

„Na da bin ich ja mal gespannt, aber was sagt denn die Fernsehzeitung nun für heute Abend?“, gab Rainer zurück, „hast du was gefunden?“

„Nichts Lohnendes, aber du kannst ja mal meine DVD's durchforsten“, schlug Doro vor.

Rainer war schon aufgestanden und kramte in dem TV-Schrank einen Film heraus.

„Oh, der ‚Da Vinci Code'. Ein ziemlich kontrovers diskutierter Film. Den habe ich noch nicht gesehen, er soll aber sehr gut sein“, kommentierte Rainer seine Entdeckung.

„Kontrovers diskutiert ja, vielleicht von der katholischen Kirche und einigen Historikern, aber die Story ist brillant. Stell dir vor, all deine Wahrheiten im Bezug auf deinen Glauben stellen sich als falsch heraus, als eine gut gemachte Lüge, als von einer mächtigen Organisation propagierte Täuschung.“

„Aber es ist doch nur ein Film, eine Story, wie du schon gesagt hast“, gab Rainer zu bedenken.

„Ja, aber allein die Möglichkeit, dass die ganze Geschichte um Jesus anders hätte sein können, regt die Kirche ja schon wer weiß wie auf. Das gibt einem doch zu denken, oder?“, entgegnete Doro. „Und: Erleben wir in Wirklichkeit nicht etwas sehr Ähnliches im Moment?“, fuhr sie fort „eine mächtige Organisation, nämlich die Weltmacht USA, hat mit ein paar schlecht gemachten Bildchen und Fotos die ganze Welt dazu gebracht, den Einmarsch in den Irak als gerecht zu beurteilen, wegen der angeblichen Massenvernichtungswaffen. Wo sind denn nun diese Waffen? Gute Propaganda, Täuschung und Lügen. Der wahre Grund war das Öl und sonst gar nichts.“

„Ich wusste gar nicht, dass du so politisch bist", meinte Rainer erstaunt.

„Wir Hunsrücker sind ein wenig empfindlich, wenn es um den Frieden geht, wir waren selbst jahrelang Zielscheibe der SS 20 Raketen, genau hier bei uns waren doch die Cruise Missiles stationiert", erklärte Doro.

„Ja ja, ich weiß, und heute feiern die Techno-Jünger auf dem ehemaligen militärischen Gelände einmal im Jahr die ‚Nature One'. Schon verrückt, wie die Geschichte manchmal so spielt", antwortete Rainer und schob den Film in den DVD-Spieler.

Zwei Stunden später, immer noch ergriffen von Tom Hanks Kniefall an der Pyramide in Paris, lagen die beiden einträchtig aneinander gekuschelt im Bett.

„Allan Konigsberg", murmelte Rainer.

„Was?", fragte Doro, die schon fast eingeschlafen war.

„Woody Allen. Er heißt Allen Steward Konigsberg."

In Frankreich

„Reisen veredelt den Geist und räumt mit allen unseren Vorurteilen auf.“
(Oscar Wilde)

Nach dem Frühstück ging Rainer zum Arzt. Er entschloss sich, zu einem jungen Doktor zu gehen, der gerade erst bei einem älteren Kollegen in der Praxis eingestiegen war. Mit jüngeren Ärzten kam Rainer besser aus, die alten hatten oft noch ihren Standesdünkel und immer recht. Die Untersuchung ergab, dass Rainer bis auf eine kleine Beule nichts übrigbehalten hatte. Als er vom Doktor zurückkam, fuhren sie zu Onkel Georg. Tante Frieda, die natürlich gerade das Mittagessen am Vorbereiten war, öffnete ihnen die Tür.

„Hallo, was führt euch denn wieder hierher? Kommt rein, ich bin gerade am Kochen.“

„Tag Tante Frieda. Kommt Onkel Georg zum Essen?“

„Er kommt seit 30 Jahren jeden Mittag um zwölf Uhr zum Essen, Kindchen, das weißt du doch. Warum hast du nicht vorher angerufen, dann hätte ich ein paar Kartöffelchen mehr gemacht.“

„Wir haben spät gefrühstückt und noch keinen Hunger, aber danke, ich merke es mir fürs nächste Mal“, gab Doro zurück. Rainer hätte nichts gegen ein paar Kartöffelchen mehr gehabt, ließ sich aber nichts anmerken.

Onkel Georg kam etwas abgehetzt kurz nach zwölf zur Tür herein und begrüßte freudig überrascht die Besucher. Doro kam gleich zur Sache, hatte aber den Blick und die Tonart aufgelegt, bei denen Männer grundsätzlich nicht „Nein“ sagen können, schon gar nicht Väter oder Onkel, die Vater-Ersatz sein dürfen.

„Du, ich habe doch jetzt zwei Wochen Urlaub und Rainer hat auch noch frei und es sind noch keine Ferien, wo alles teurer ist, und wir dachten uns, vielleicht eventuell, na ja, das Wohnmobil muss doch auch mal bewegt werden ... oder, Onkelchen?“

„Nur wenn du das mit dem Onkelchen sein lässt“, er seufzte, „das war schon früher so, nichts konnte ich ihr abschlagen, und wenn ich euch Turteltauben so sehe, warum sollt ihr das Wohnmobil nicht haben? Frieda, gibt es einen Grund, nein zu sagen?“

„Es ist dein Wohnwagen, mach damit, was du willst. Du weißt, ich komme in der kleinen Küche darin eh nicht richtig klar. Und diese Campingplätze, richtig sauber ist es da ja auch nicht und überhaupt.“

„Und überhaupt ist es ein Wohnmobil und kein Wohnwagen und überhaupt kann man auch für zwei Wochen in einer kleinen Küche kochen! Basta!“

„Aber in den Sommerferien will Berti damit wegfahren, direkt am Anfang“, warf Tante Frieda ein.

„Bis dahin sind wir doch längst wieder zurück und das Wohnmobil steht sauber geputzt in euerm Hof. Das verspreche ich!“, wischte Doro Tante Friedas Bedenken vom Tisch. Bei Onkel Georg hatte sie sowieso schon gewonnen.

„Bist du schon einmal einen größeren Wagen gefahren, mein Junge?“, richtete sich Onkel Georg an Rainer, der sich gar nicht mehr daran erinnern konnte, wie er mit Doros Onkel auf dessen Geburtstagsfeier Brüderschaft getrunken hatte.

„Ja, ich habe mal, um nebenbei Geld zu verdienen, einen Kleintransporter gefahren. Überall in Koblenz, auch durch die engsten Gassen in der Altstadt oder in Moselweiß oder Neuendorf ...“

„Gut, gut“, unterbrach ihn Onkel Georg, „dann weißt du ja Bescheid. Und du, mein Liebes, du übst vorher auf dem Steffen-Parkplatz ein paar Manöver, damit du ein Gefühl für die Kiste bekommst, in Ordnung?“

Natürlich nickte Doro, obwohl ihr Fahrübungen auf dem Parkplatz, wo das halbe Dorf zusehen konnte, gar nicht behagten. Sie machten aus, den Wagen am Abend abzuholen, damit sie direkt am Morgen darauf losfahren konnten. Es gab noch viel vorzubereiten für die Reise und so machten sie sich wieder auf den Weg nach Kastellaun. Siedend heiß fiel Rainer noch ein, dass er sich bei Schneiders melden sollte. Er rief in Simmern an, Schneiders war aber nicht da. Rainer hinterließ eine Nachricht, dass er nun in Urlaub sei, um sich zu erholen. Er würde Schneiders anrufen, sobald er zurück sei, so in etwa zehn Tagen. Das würde Schneiders natürlich nicht gefallen, aber Rainer hatte keine Lust auf ein erneutes Verhör und den ganzen Polizeikram.

Rainer saß am Steuer und der große Wagen ließ sich gut fahren. Mittlerweile war es Nachmittag geworden und sie hatten erst ein Drittel ihres Weges hinter sich gebracht. Doro war eingenickt und Rainer hielt an, um einen Kaffee zu trinken. Das Gute an so einem Wohnmobil ist ja, dass man sich solche Kleinigkeiten bis hin zu einem normalen Essen alles selbst zaubern kann. Und wenn man vorher bei Feinkost Albrecht eingekauft hat, ist das Ganze auch noch recht preiswert. Doro wachte auf.

„Willst du auch einen Kaffee?“

„Au ja, das käme jetzt gut. Wo sind wir?“

„Irgendwo hinter Chalon-sur-Saône, nicht wirklich weit.“

„Na immerhin ...“

„Bis Lyon will ich heute noch kommen, dann schaffen wir es morgen Abend bis in die Provence.“

Nach dem Kaffee wechselten sie und Doro fuhr. Die „Autoroute du Soleil“ war zwar noch nicht so stark befahren wie im Hochsommer, aber es herrschte reger Verkehr. Vor Lyon fuhren sie einen Rastplatz an und übernachteten dort.

Im Hunsrück, Juni 1945

Er hätte nie gedacht, dass er eines Tages wirklich hier stehen würde, hier irgendwo in den Wäldern zwischen Trier und Mainz, so nah am geraubten Schatz. Als er als Bibliothekarslehrling im Kloster Montmajour helfen durfte, die alten Aufzeichnungen aus der Region zu ordnen, fiel ihm das Schreiben eines Hauslehrers in die Hände, der den Tod seines Grafen bedauerte. Der war als Ritter zum 3. Kreuzzug aufgebrochen und kam mit Reichtümern zurück. Am 4. Kreuzzug nahm er auch teil, war aber bei der Schlacht um Konstantinopel gefallen.

Das war alles noch nichts Außergewöhnliches. Spannend wurde es bei der Textstelle, als ein fremder Ritter aus Deutschland namens Wolfram von Buch, der irgendwo in den Wäldern zwischen Trier und Mainz seine Heimat hatte, kurze Zeit später in der Nähe auftauchte. Keiner konnte etwas beweisen, aber man munkelte, er habe den Schatz des Grafen gestohlen. Da niemand außer dem Grafen wusste, wo er das Gold und die Edelsteine versteckt hielt, konnte auch keiner nachschauen. Jedenfalls blieb der fremde Ritter eine ganze Weile und war dann auf einmal über Nacht verschwunden.

So hatte er, Jean-Claude Dechambre, ein kleines Geheimnis aus den dicken Klostermauern geschmuggelt und es nur mit seinem besten Freund, Henri Lasalle, geteilt. Dass beide mit der gleichen Einheit der französischen Pioniere direkt nach dem Krieg in den Hunsrück kamen, verstand er als ein Zeichen. Sie waren mit ihrer Batterie in Mastershausen stationiert, ganz in der Nähe von Buch, und genau dazwischen lag eine Ruine. Das musste es sein! Fortan hieß seine Mission Schatzsuche, Nazis hin, Nazis her, hier auf dem Land waren eh alle Bauern und hatten mehr Angst um ihr Vieh als um ihr Leben. Keiner würde mitbekommen, wenn zwei französische Soldaten hier und da den Spaten auspackten. Und selbst wenn: Sie waren jetzt die Herren im Land und konnten graben wo und wann sie wollten. Da hatte kein „Boche“ was zu sagen.

Am nächsten Nachmittag kamen Rainer und Doro in der Provence an und fuhren in Nîmes von der Autobahn ab nach Arles und von dort direkt nach Fontvieille. Auf dem dortigen kommunalen Campingplatz bekamen sie eine schattige Ecke zugewiesen, was auch nötig war. Das Thermometer am Wohnmobil kletterte im Laufe des Tages auf 30 Grad Celsius, und das im Frühsommer.

„Sollen wir ein Salätchen zaubern?“, fragte Doro.

„Mit einem Steakchen zum Sattwerden?“, gab Rainer zurück.

„Na gut, du fährst einkaufen!“, bestimmte sie.

Sie hatten Doros Mountainbike im Wohnmobil mitgenommen, um nicht jeden kleinen Einkauf mit dem großen Wagen machen zu müssen, und Rainer schwang sich auf den Drahtesel und radelte los.

Er umfuhr das kleine Städtchen oder große Dorf, je nachdem, wie man es betrachtete, und bog am Ende wieder auf die Hauptstraße in Fontvieille ein. Dort gab es Geschäfte, einen Marktplatz, eine Kirche und Restaurants, Cafés und Kneipen, und sogar eine Sehenswürdigkeit in der Nähe: die Mühle von Daudet, einem Poeten, der in dieser Mühle lebte und schrieb. Die Stierkampf-Arena erschreckte Rainer zunächst, aber da erinnerte er sich an das, was er im Reiseführer gelesen hatte. In der Provence wird kein spanischer Stierkampf ausgetragen. Die Stiere werden durch die Straßen getrieben und in der Arena müssen die jungen Männer des Dorfes versuchen, dem Stier einen geflochtenen Kranz auf die Hörner zu setzen. Alles ziemlich unblutig.

Rainer hielt an einem Lebensmittelladen und suchte Salat, eine Gurke, Tomaten, Paprika und Zwiebeln aus. „So was leckeres Frisches ist bei den Temperaturen genau das Richtige“, dachte er sich. An der Fleischtheke wollte er zwei Steaks kaufen, überschlug den Preis und entschied sich dann doch lieber für die französischen Würstchen, die man im Kühlregal abgepackt bekommt. Einen Tischgrill hatte Onkel Georg immer im Wagen und Strom hatten sie auch auf dem Campingplatz.

Beim Rausgehen ließ er seinen Blick die Straße hoch und runter streifen und gerade wollte er sich auf das Fahrrad setzen, da fiel es ihm auf: *„Dechambre – Tabac & Journaux“*.

Rainer musste sich sehr zurückhalten, um nicht direkt hinüberzugehen, um mit Herrn Dechambre zu sprechen. Er fuhr so schnell es ging zurück auf den Campingplatz und berichtete Doro seine Entdeckung.

„Woher willst du wissen, dass er der Richtige ist?“, fragte sie.

„Wie viele Dechambres gibt es hier wohl? Wir versuchen es einfach“, bestimmte Rainer und fuhr fort: „Was soll schon passieren?“

„Och nichts, außer dass es einen Toten gab, bei uns eingebrochen wurde, du niedergeschlagen wurdest und wir hier weit weg von zu Hause sind. Was soll da schon passieren?“

„Mach dir keine Sorgen, wir sind ganz vorsichtig. Außerdem ist es ja noch nicht dunkel, es sind viele Leute auf der Hauptstraße und wir sind nicht in irgendeiner Bananenrepublik“, versuchte Rainer Doro zu beruhigen.

Nach dem Essen spazierten sie ins Dorf und schlenderten scheinbar gelassen und ziellos über die Hauptstraße. Am Tabak- und Zeitungsladen des Herrn Dechambre blieben sie stehen. Unschlüssig starrten sie abwechselnd das Schaufenster und sich gegenseitig an.

Gerade wollte Rainer sich einen Ruck geben und zur Tür gehen, da kam jemand aus dem Laden heraus, stellte sich vor die beiden und hielt ihnen die Hand entgegen.

„Bonjour, Herr Weingard und Mademoiselle Thomas, kommen Sie doch herein.“

Überrascht und erst gar nicht fähig zu antworten, gingen sie dem Mann hinterher, der ihnen freundlich zulächelte und die

Tür des Geschäftes aufhielt. „Tja, wir ...“, versuchte Rainer das Gespräch zu beginnen.

„Zuerst einmal möchte ich misch bei Ihnen entschuldigen“, fiel ihm Dechambre ins Wort.

Mit starkem Akzent sprach er weiter.

„Ich hoffe nicht, Sie haben zu viel Schmerzen im Kopf gehabt?“

„Sie waren das?“, fragte Rainer entgeistert und hielt sich seinen Kopf fest.

„Ja, es tut mir wie gesagt leid. Sind Sie hier, um sich zu rächen?“

„Nein, wir ... wir würden gerne wissen, was das alles zu bedeuten hat“, antwortete Rainer stockend. „Wieso Ihr Bruder dort an der Ruine war, wieso er sterben musste und was das Ganze mit 1945 zu tun hat.“

„Das sind viele Fragen auf einmal, und ich habe nicht auf alle eine Antwort. Ich würde selbst gerne den Mörder meines Bruders – wie sagt man bei Ihnen noch gleich – hinter Gittern sehen. Kommen Sie, seien Sie meine Gäste am Abend, ich schließe gleich mein Geschäft und wir können nebenan im Bistro bei einem Vin rouge in Ruhe sprechen über alles.“

Erleichtert und neugierig zugleich folgten sie Herrn Dechambre in das Bistro neben dem Tabakladen.

Rainer beobachtete ihn genau. Er war sicher der ältere der Brüder, bewegte sich langsam und bedächtig. Seine langen grauen Haare hatte er hinten zu einem Zopf gebunden und sein Drei-Tage-Bart ließ ihn verwegen aussehen, obwohl er von eher kleinerer Statur war. Ob dieser Mann die Erfüllung darin fand, Zigaretten und Zeitschriften zu verkaufen? Rainer wurde in seinen Gedanken von Doro unterbrochen, die ihn anstupste.

„Meinst du, wir können ihm trauen?“

„Wird sich herausstellen, immer aufpassen“, flüsterte Rainer zurück.

Doro und Rainer setzten sich und Dechambre bestellte beim Wirt eine Flasche Rotwein.

„Also, was wissen Sie beide denn schon mittlerweile?“, fing Dechambre das Gespräch an.

„Nicht mehr als vorige Woche, als Sie bei uns zu Gast waren und im Computer gesucht haben. Dort steht alles drin, was wir wissen.“

„Nun gut, dann fange ich an zu erzählen“, begann der Franzose und nahm einen guten Schluck Wein.

„Es kann lange dauern, Sie haben doch Zeit mitgebracht?“

„Natürlich“, antwortete Rainer und Doro nickte.

„Wir haben ein paar Tage Urlaub“, setzte sie hinzu.

„Gut, so lange wird es sicher nicht dauern, aber man weiß ja nie.“ Nochmals nahm er einen guten Schluck Wein und steckte sich eine Gitane an.

„Also, das war so: Der Bruder meines Großvaters arbeitete vor dem Krieg als Bibliothekshelfer im Kloster Montmajour, direkt hier ein paar Minuten mit dem Automobile entfernt. Er fand einen Report. Den Report von einem Lehrer des Hauses, der aufgeschrieben hat, dass sein Chef, ein Chevalier, sie sagen Ritter, im 3. Kreuzzug viel Glück, also Gold und so weiter gemacht hat. Vom 4. Kreuzzug kehrte er nicht zurück, dafür kam ein anderer Ritter, einer aus Deutschland. Er blieb hier in der Region einige Zeit und war dann plötzlich verschwunden. Da die Familie unseres Ritters kurz darauf verarmte, ging das Gespräch um, der Deutsche habe den Schatz des Franzosen gefunden und gestohlen.

Ob das wahr ist oder nicht – keiner weiß genau. Vielleicht war das Vermögen unseres Ritters sowieso zu Ende und deshalb ist er noch einmal mitgefahren auf einen Kreuzzug, um neue Beute zu machen. Wer weiß? Jedenfalls glaubte mein Onkel, dass der Schatz in Deutschland, in der Nähe von Trèves, zu finden sei, und er erzählte seinem Freund Henri Lasalle davon.

Er machte Recherchen und kam dabei auf die Burg Balduinseck. Dort vermutete er den Schatz. Wie der Zufall es wollte, waren beide kurz nach dem Krieg im Hunsrück stationiert und sie suchten nach dem Schatz. Während sie wilderten, schoss Lasalle meinen Onkel an, der dann an seinen Verletzungen starb, aber das wissen Sie ja bereits.

Mein Bruder glaubte nicht an einen Jagdunfall. ‚Glaubst du etwa, die Franzosen jagen die Deutschen zum Teufel im Krieg, um sich dann zufällig gegenseitig zu erschießen?', war immer sein Argument. ‚Da muss was anderes dahinter stecken!'

Das waren seine Worte, er war wie besessen von dieser Idee. Lasalle konnte er nicht mehr fragen, der ging, nachdem er aus dem Militärgefängnis entlassen worden war, zur Légion étrangère. Er konnte doch nicht hierher zurückkommen, wo er am Tod seines Freundes schuld war. Jedenfalls fiel er in Algérie, ohne irgendetwas hinterlassen zu haben. Also nahm mein Bruder Kontakt mit jemandem aus Ihrer Gegend auf, über das Internet."

„Mit wem?", fragte Rainer, dem schwante, dem Mörder dicht auf den Fersen zu sein.

„Wenn ich das nur wüsste. Zuerst dachte ich, Sie wären es gewesen, deshalb der Einbruch, für den ich mich nochmals entschuldigen möchte. Da erkannte ich, dass Sie auch nur in die Geschichte hineingeraten sind."

„Woher wussten Sie eigentlich, wo ich zu finden war?", wollte Rainer wissen.

„Der Polizist hat mir die Adresse von Mademoiselle Thomas gegeben. Ganz einfach."

„Und dann sind Sie früher angereist als offiziell vermutet und haben auf eigene Faust nach dem Mörder Ihres Bruders gesucht."

„Genau wie Sie, was ich aber erst bemerkte, als ich in Ihren Computer sah."

Dechambre zündete sich noch eine Gitane an und fuhr fort.

„Die Kontakte nach Deutschland liefen immer sehr konspirativ ab. Mein Bruder sagte mir, aus Sicherheitsgründen würden er und sein Mittelsmann nur über Internet-Cafés miteinander Kontakt haben. Ich hatte also keinerlei Möglichkeiten, dieser Spur nachzugehen. Sie, Monsieur Weingard, waren die einzige heiße Spur, die es gab."

„Hat Ihr Bruder nie einen Namen erwähnt, nie etwas Näheres erzählt?"

„Ehrlich gesagt, wollte ich gar nichts davon wissen. Es war alles Spinnerei für mich, Tagträume meines Bruders, der im richtigen Leben nicht viel zu Wege gebracht hat. Sehen Sie, der kleine Laden wirft gerade genug ab, um zu überleben. Reichtümer kann man mit Zigaretten und Journaux nicht machen. Mein Bruder lebte zeitweise mit davon. Er hatte immer irgendwelche Ideen im Kopf, um schnell Geld zu machen, leider funktionierte keine seiner Ideen. Also schleppte ich ihn mit durch. Auf seine Spinnereien konnte ich dabei verzichten. Erst als er wirklich nach Deutschland fuhr, machte ich mir Gedanken. Vielleicht war ja doch was an den alten Geschichten dran. Dann wäre mein Bruder, leichtfertig, wie er war, in Gefahr. Der Gedanke kam mir leider zu spät."

Er trank sein Glas leer und schenkte allen noch mal nach.

„Ihr Bruder hatte einen kleinen Zettel in seiner Tasche, als ich ihn fand. Darauf stand Lasalle '45."

„Das war sein Codename im Internet, soviel ich weiß", fiel Dechambre ein.

„Aber wieso sollte er seinen Codenamen aufschreiben? Den hatte er doch im Kopf", gab Rainer zu bedenken.

„Vielleicht hat Ihr Bruder das gar nicht geschrieben", bemerkte Doro, die die ganze Zeit schweigsam zugehört hatte. „Der Mittelsmann könnte sich das doch als Gedächtnisstütze notiert haben", kombinierte sie weiter.

„Haben Sie das Papier noch?", fragte Dechambre plötzlich aufgeregt.

„Ja, und ich habe das mit dem Zettel außer Doro keinem erzählt."

Rainer zog das zusammengefaltete kleine Blatt aus seiner Jeans und gab es Dechambre, der es vorsichtig öffnete. Er betrachtete eine unendlich lange Minute das Papier in seinen Händen und blickte dann hoch.

„Das ist nicht die Handschrift von meinem Bruder."

Am liebsten wäre Rainer direkt wieder zurück nach Hause aufgebrochen, aber Doro konnte ihn dazu überreden, jetzt doch ein wenig Urlaub zu machen. Dechambre gab ihnen ein paar Tipps und sie hatten aus dem Internet einiges von Online-Reiseführern runtergeladen und ausgedruckt. Sie wollten auf alle Fälle noch die Alpilles sehen, vielleicht noch das Waldgebiet Luberon mit seinen kleinen Bergdörfern.

So fuhren sie mit dem Wohnmobil durch die engen Schluchten der Alpilles nach Les Baux.

„... einem Bergdorf, das einst verlassen, in den 70ern von Künstlern wiederbelebt wurde. Überragt wird das Dorf von der Festung Château des Baux, wo im Mittelalter Troubadoure Minnesang-Wettstreite ausfochten. Den Namen hat Les Baux vom Bauxitabbau. Die Straßen sind eng und ebenso die Schluchten", las Doro vor.

„Klar, das merke ich gerade. Eng ist gar kein Ausdruck", bemerkte Rainer, der den Wagen langsam die Bergstraße hoch lenkte.

„Hör zu!", fuhr sie fort, *„direkt neben Les Baux ist die Cathédrale d'Images, ein einmaliges Kunstexperiment. In einem stillgelegten Steinbruch werden in einer großen, durch den Abbau entstandenen Höhle Bilder an Wände projiziert. Dazu gibt es, wie in Frankreich üblich, eine musikalische Untermalung. Neben der Cathédrale d'Images gibt es noch mehrere Höhlen, ein ganzes Labyrinth, was aber mittlerweile aus Sicherheitsgründen abgesperrt ist. Die Alpilles, eine Landschaft,* *die ihre Schroffheit in der Abenddämmerung verliert, wenn Les Baux von der untergehenden Sonne bestrahlt wird und abseits der Straße die Kräuter der Provence so appetitlich duften, dass man direkt Hunger bekommt.*"

„Na toll, den habe ich jetzt schon", gab Rainer lapidar zurück. Sie parkten den Wagen auf einem Seitenstreifen und hatten beim Essen einen herrlichen Blick auf die Burgruine von Les Baux.

„Ich weiß nicht, ob mir Ruinen auf die Nerven gehen oder ob sie mich faszinieren", sinnierte Rainer.

„Lass es uns herausfinden, komm wir gehen rauf", bestimmte Doro.

Sie stiegen den Berg hoch nach Les Baux und schlenderten erst einmal durch die kleinen mittelalterlichen Gassen des Dorfes am Fuße der Burg. Kunsthandwerk und Galerien, Cafés und Schnellrestaurants, Andenkenläden und allerlei Krimskrams gab es zu bestaunen. Auf der Burg selbst bekamen sie, nachdem sie Eintritt bezahlt hatten, einen Audioguide, mit dem sie ihre Burgführung auf Deutsch erleben konnten.

„Doch eher faszinierend als nervig", resümierte Rainer, als sie über einen alten Wehrgang zu einem Turm gingen und die in den Fels gehauenen Wände betrachteten.

„Das ist eine Burgruine, nicht so klein wie die im Hunsrück", lästerte er weiter.

„Dafür haben wir mehr Leichen zu bieten", bemerkte Doro ironisch.

Nach dem Abstieg gingen sie durch einen in den Fels gesprengten Pass zur Cathédrale d'Images, die unterhalb von Les Baux schon ausgeschildert war. Im Inneren der Höhle ragten bis zu 20 Meter hohe Säulen aus Sandstein auf, wie die Wände vom Abbau gezeichnet und in endlosen quadratischen Rillen gemustert. Dann ging die Show los, abwechselnd wurden an die verschiedenen Wände mit zig Beamern Bilder und große Bildausschnitte projiziert. Staunend gingen Rainer und Doro durch die Bilderflut, die von klassischer Musik untermalt wurde.

Das grelle Sonnenlicht blendete Rainer beim Verlassen der Höhle, Doro ging es nicht besser.

„Hier bleiben wir noch ein paar Tage“, beschloss sie und Rainer widersprach nicht. Beide gingen zurück zum Wohnmobil und fuhren an Les Baux und der Cathédrale d’Images vorbei.

Auf der gegenüberliegenden Bergseite war ein etwas größerer Parkplatz, auf dem sie wieder anhielten, um die Aussicht auf die Burg und die umliegenden Berge zu genießen.

Dort verbrachten sie den Rest des Tages und am Abend, als die Sonne langsam unterging und die Bergkette in ein warmes Orange tauchte, saßen sie eng umschlungen auf einem Findling und fühlten sich wie im Paradies.

Bei Buch, August 1945

Sooft es ging, entfernten sie sich von der Truppe und marschierten zur Ruine, um zu graben. Aber leider bisher vergeblich. Wenn es da einen Schatz gab, musste er tief im Fels oder sehr geschickt versteckt worden sein. Vor 600 bis 700 Jahren sah es hier bestimmt auch noch anders aus. Zwischendurch pirschten die Freunde durch den Wald, um ein Stück Wild zu schießen, die Verpflegung war nämlich miserabel. Die französischen Soldaten waren teilweise darauf angewiesen, den Leuten, die aus den zerbombten Städten aufs Land zum Tauschhandel kamen, die eingetauschten Lebensmittel abzunehmen. Die Bauern ringsum hatten angeblich auch nicht viel, wahrscheinlich hatten sie alles in irgendwelchen Erdlöchern versteckt. Das Wildern war zwar verboten, aber ein Reh mehr oder weniger interessierte doch keinen. So waren sie Anfang August wieder unterwegs, und weil es ein heißer Tag war, beschlossen sie, im kühlen Wald auf Wildfang zu gehen. Graben konnte man auch noch später, zumal die anfängliche Euphorie der ernüchternden Erkenntnis gewichen war, dass es hier wohl doch nichts auszugraben gab. Sie trennten sich, hatten aber noch Sichtkontakt, als sie das Reh erspähten. Sie kreisten es ein und Henri Lasalle legte sich auf die Lauer. Das Gebüsch rund 40 Meter vor ihm bewegte sich, das Reh kam heraus und er drückte ab. Durch den Knall flogen ein paar Vögel hoch, dann war alles still. Jean-Claude Dechambre spürte einen dumpfen Schmerz. Er fasste sich an den Bauch und hatte die Hand voll Blut. Henri Lasalle kam herangestürmt und fragte nach dem Reh. Es gab kein Reh, es gab nur diesen unendlich dumpfen Schmerz, der alles um ihn herum in Dämmerung tauchte. Dann wurde es schwarz vor Jean-Claudes Augen.

ENTDECKUNGEN

„NICHT DURCH UNSERE ENTDECKUNGEN, SONDERN DURCH UNSERE AHNUNGSLOSIGKEIT BEWEGEN WIR UNS SICHER DURCH DAS LEBEN“ (JEAN GIRAUDOUX)

Noch immer unter dem Eindruck des Kurztrips nach Frankreich und der dort gewonnenen Erkenntnisse stehend, versuchte Rainer die Geschehnisse in einen Zusammenhang zu bringen.

Sie waren noch bis Ende der Woche in der Provence geblieben, fuhren durch den Luberon, hatten bei Lacoste die Burg des Marquis de Sade gesehen und verwinkelte idyllische Bergdörfer besichtigt, in denen es ebenso viele Kunstgalerien wie Touristen gab.

Nun saß er bei Doro im Wohnzimmer und hatte ein Puzzle im Kopf, bei dem die wichtigsten Teile noch fehlten.

„Dechambre glaubt an die alte Schatzgeschichte, er nimmt Kontakt mit jemandem auf, der vom Hunsrück ist. Als er hierher kommt, wird er von dem großen Unbekannten erschlagen. Warum?“

„Habgier, niedere Beweggründe, vielleicht ein Streit wegen des Schatzes, den es nicht gibt“, antwortete Doro.

„Den es vielleicht nicht gibt“, warf Rainer ein.

„Wie viele Menschen sind wegen dieses vielleicht existierenden Schatzes nun schon gestorben?“ Doro war sauer. Sie fuhr fort: „Damals der alte Dechambre, erschossen von seinem Freund, der dann aus Scham bei der Fremdenlegion endet und dort fällt. Dann der junge Dechambre. Wer weiß, wie viele noch in den letzten 600 Jahren, von denen wir gar nichts wissen. Willst du der Nächste sein?“

„Nein natürlich nicht, aber so oder so – wenn der Mörder erfährt oder auch nur ahnt, dass ich einen Zettel mit seiner Handschrift habe, dann bin ich dran. Also muss ich mir eine

Strategie überlegen, wie ich ihn überrumple, bevor er mich erwischt."

„Ich denke, es ist nun an der Zeit, Schneiders einzuweihen, meinst du nicht?"

„Der dreht mir doch wieder einen Strick daraus und verhört mich stundenlang."

„Nein, das glaube ich nicht. Bestimmt ist er sauer, aber was will er dir denn anhaben?"

Rainer überlegte noch einen Moment und erwiderte dann grinsend: „Na gut, ich ruf ihn gleich an und bringe ihm den Zettel."

„Sind Sie wahnsinnig, Weingard?", polterte Schneiders los.

„Her mit dem Wisch, von dem Sie mir am Telefon erzählt haben!"

„Hier ist er ", Rainer überreichte Schneiders den mittlerweile schon etwas zerknüllten Zettel.

„Und Sie glauben wirklich, wir könnten mit so einem durch wer weiß wie viele Hände gegangenem Stück Papier noch etwas anfangen?"

„Im Fernsehen schon", entgegnete Rainer, „Sie haben doch Spurensicherungsspezialisten und so weiter. Die können doch anhand eines Fussels noch nach Jahren feststellen, wer ihn wo verloren hat."

„Wir sind aber nicht im Fernsehen." Schneiders konnte sich gerade noch vor dem Schreien zurückhalten.

„Na gut, jetzt haben Sie den Zettel, da sind nur meine Fingerabdrücke drauf, wahrscheinlich die von Dechambre und die des Mörders."

„Wieso das denn jetzt schon wieder? Wieso die des Mörders?"

„Weil Dechambre den Zettel nicht geschrieben hat. Es ist nicht seine Handschrift."

Rainer berichtete Schneiders, was er in Frankreich erfahren hatte.

„Ja, ja, das mit dem Internet und dem Schatz weiß ich bereits. Der Bruder war doch hier und hat alles erzählt. Diese Fahrt hätten Sie sich sparen können, zumal ich Sie gebeten hatte, in der Gegend zu bleiben. Aber das mit dem Stück Papier und der Handschrift ist neu. Wenn Sie uns den Zettel direkt gegeben hätten, hätten wir das viel früher abchecken können. Vielleicht ist ja ein brauchbarer Fingerabdruck drauf und wir hätten den Täter schon längst. Sie mit Ihren Privatermittlungen, Sie stören und behindern die Polizeiarbeit. Ich will von Ihnen nichts mehr sehen und hören in diesem Fall, ist das klar?"

„Ich wollte eh nicht mehr weiterstöbern, das wird mir zu heiß", gab Rainer zurück.

„Wer weiß alles von dem Zettel?", fragte Schneiders.

„Nur Doro, also Frau Thomas und Dechambre."

„Na gut, ich melde mich bei Ihnen, machen Sie, dass Sie rauskommen, Weingard."

Ein wenig erleichtert fuhr Rainer zurück nach Kastellaun. Vielleicht sollte er in der Zeitung annoncieren, dass er von nichts wusste und überhaupt keine Ahnung hatte und somit auch gar keine Bedrohung für irgendjemanden war. Aber damit würde er wohl schlafende Hunde wecken.

Das mulmige Gefühl in der Magengegend blieb Rainer auch nach einer unruhigen Nacht noch erhalten. Was wäre, wenn der große Unbekannte, der ja in der Nähe leben musste, doch noch auf die Idee käme, er könnte eine Gefahr für ihn darstellen?

Doro hatte Frühstück gemacht und sie saßen eine Weile in Gedanken versunken vor den Brötchen.

„Was nun?", fragte Doro, „du brütest doch was aus, das sehe ich dir an."

„Ich weiß auch nicht, aber gar nichts mehr zu unternehmen passt mir nicht."

„Du hast es Schneiders versprochen! Er wird sich schon darum kümmern.“

„Ich weiß, aber was ist, wenn der Typ es auf mich abgesehen hat?“

„Wir warten jetzt erst mal ab und machen uns ein paar schöne Tage, solange ich noch Urlaub habe“, schlug Doro vor und Rainer nickte zustimmend.

„Als Kind war ich mal in Idar-Oberstein, im Edelsteinmuseum und so weiter. Lass uns doch eine kleine Tour machen“, fiel Rainer ein.

„Na gut, aber Idar-Oberstein ist tourimäßig ziemlich überlaufen“, gab Doro zu bedenken, „ich weiß da was Besseres und Edelsteine gibt es dort auch und leckeres Essen noch dazu.“

„Und wo ist das?“, fragte Rainer neugierig.

„Lass dich überraschen“, erwiderte Doro.

Sie fuhren über die Hunsrückhöhenstraße, machten um den Flughafen Hahn einen Schlenker zur B 50. Wieder auf der Höhenstraße fuhren sie immer weiter geradeaus. Ausgedehnte Felder wechselten sich mit dichten Waldstücken ab. Der gelbe Raps war mittlerweile verblüht. Zur Linken hatten sie jetzt den Idarwald, und als es rechts zur Mosel runter nach Bernkastel-Kues ging, bog Doro links ab in Richtung Hinzerath. Erst ging es zu dem Dorf hinunter und danach gleich wieder hoch in den Idarwald hinein. Sie fuhren eine Serpentine hoch und Rainer musste mehrfach schlucken, um die Ohren wieder frei zu bekommen.

„Wie hoch sind wir hier?“

„Ungefähr 700 Meter“, antwortete Doro, „gleich sind wir da.“

Sie fuhren wieder viele Kurven runter und durch noch ein paar Dörfer. Dann endlich hielt Doro in Herrstein auf einem Parkplatz an.

„Komm mit, hier ist es wirklich schön“, forderte sie Rainer auf.

Sie gingen vom Parkplatz aus in den historischen Stadtkern. Oberhalb des Marktplatzes war ein alter Wehrturm zu sehen. Sie schlenderten über den Platz, bogen rechts ab und schauten sich die vielen alten Fachwerkhäuser an. Am Ende einer Seitenstraße war ein altes Stadttor mit Turm zu sehen. Von dort aus führte ein Wehrgang zu einem Brunnen. Aus einer als Verkaufsraum umgebauten Scheune hörte man esoterische Klangteppiche herausschweben. Innen gab es Lebensmittel aus der Region, Bücher und CD's. Ein schön hergerichtetes Fachwerkhaus reihte sich an das nächste. Kleine Geschäfte mit Glaskunst, Kleidung, Edelsteinen und Andenken verführten zum Einkaufen. Sie kamen wieder in Richtung Marktplatz und ein Stück weiter war ebenfalls eine umgebaute Scheune, diesmal als Café und Restaurant genutzt. Sie traten ein. Es war Mittag und langsam bekamen sie Hunger, besonders nachdem sie Platz genommen hatten und das Essen rochen.

„Ich war hier mal auf einem Betriebsausflug. Wir haben ein paar Sehenswürdigkeiten abgeklappert und hier gegessen. War echt gut“, erklärte Doro.

„Nun gut, dann lass uns mal reinhauen“, meinte Rainer.

Sie bestellten sich Hunsrücker Klöße mit Specksoße und Apfelmus.

„Wunderbar“, schwärmte Rainer, der eine große Portion mit zwei Klößen verdrückt hatte. Doro begnügte sich mit einem Kloß, was ihr aber auch vollkommen reichte. Nachdem sie bezahlt hatten, machten sie noch einen kleinen Spaziergang durch Herrstein, stiegen hoch zum Turm, wo der Schinderhannes auch schon eingesessen hatte, und kauften in einem der kleinen Schmuck- und Edelsteinläden für jeden einen Glücksstein. „Erinnert mich ein wenig an Limburg an der Lahn. Nur dass Limburg größer ist und den Dom hat. Aber die alten Fachwerkhäuser, sehr ähnlich“, sinnierte Rainer.

„Aber ‚Gefillde Kleeß‘ gibt es dort nicht,“ gab Doro zu bedenken.

„Nein, die gibt es da nicht. Was nun?“, fragte Rainer und rieb sich den Bauch.

„Wir könnten auf dem Rückweg eine andere Route fahren und noch in Kempfeld anhalten. Die haben dort einen kleinen Park mit einem Edelsteinrundweg angelegt. Oder wir fahren über Bundenbach heim, dann könnten wir in die Schiefergrube runter. Die machen da Führungen unter Tage. Und direkt in der Nähe ist die Altburg, ein keltisches Dorf. Dort ist im August ein mittelalterlicher Markt und ein Folkfestival.“

„Ist das nicht ein bisschen viel Kultur für einen Tag?“, spottete Rainer.

„Es ist noch früh am Tag, wir könnten sogar das Hunsrück-Museum in Simmern noch schaffen“, entgegnete Doro spitz.

„Wir könnten aber auch nach Hause fahren, die Füße hochlegen und einfach so den Urlaub genießen.“

„Na gut, aber nur die Füße hochlegen ist nicht“, gab Doro süffisant zurück.

Sie fuhren gerade an der Kappeler Ampelanlage vorbei, wo man besser dem Vorbild anderer Kreuzungen gefolgt wäre und einen Kreisel gebaut hätte, als Rainers Handy klingelte. Schneiders war dran und was er Rainer zu sagen hatte, führte zu einer leichten Änderung von dessen Gesichtsfarbe und Ausdruck.

„Was ist los? Was hat er gewollt?“ Doro hatte die plötzliche Leichenblässe und das gequälte „Ja ist gut, ich komme“ am Telefon natürlich mitbekommen.

„Es geht los, es ist so weit. Schneiders hat gesagt, der Typ hat sich gemeldet.“

„Wie gemeldet? Hat er einfach bei der Polizei angerufen und gesagt hier bin ich oder was?“

„Nein, natürlich nicht. Wir sollen eine Rhein-Hunsrück-Zeitung kaufen und bei diesen Kleinanzeigen, diesen Grüßen nachsehen“, erklärte Rainer.

„Da wo immer dieselben schrecklichen Reime stehen? Ist

das nicht wunderbar, Oma wird heut 150 Jahr? Will der uns verarschen?“, Doro war auf Hundertachtzig.

„Ja doch, ich meine nein. Da wäre eine Nachricht für mich.“

In Kastellaun hielten sie an der ersten Tankstelle und Rainer kaufte eine Zeitung. Hastig blätterte er schon beim Einsteigen ins Auto und Doro konnte nicht losfahren, weil er die Zeitung vollständig aufblätterte und ihr die Sicht nahm.

„Rainer, jetzt beruhig dich doch. Ich fahre gerade auf den Parkplatz vom Rewe, dann können wir doch nachsehen.“

„Ja ja, fahr los!“ Rainer war nass geschwitzt, als sei der Kauf einer Zeitung Schwerstarbeit gewesen.

Als sie endlich eine halbe Minute später auf dem Parkplatz standen, stiegen sie aus und blätterten die Zeitung auf der Motorhaube durch. Als sie die Seite mit den Grüßen fanden, las Rainer mit zittriger Stimme vor:

Hallo Rainer, herzliche Grüße von Marcel Dechambre, den du sicher bald wiedersehen wirst. Und grüße mir die grünäugige Katze, um die ich mich dann auch kümmern werde ... Vielleicht hast du ein Geschenk für mich?
Balduin

„Scheiße, das klappt nie, der riecht den Braten oder der bringt uns um, bevor Hilfe da ist. Der Typ ist zu gerissen für Sie.“ Rainer war außer sich, als Schneiders ihm den Vorschlag machte, als Lockvogel zu agieren.

„Aber Weingard, so beruhigen Sie sich doch. Das klappt unter Garantie. Sie sind in keiner größeren Gefahr, als wenn Sie über die A 61 fahren. Gar kein Thema. Wir locken den Kerl runter ans Schloss, dort gibt es nur drei Wege, entweder hoch nach Mastershausen, hoch nach Buch oder den Waldweg. Dort überall sind unsere Leute. Und auf der Burg verstecken sich auch noch ein paar Kollegen. Und ich bin da, immer in Ihrer Nähe." Schneiders war bemüht, Rainer zu beruhigen.

„Dafür fehlen mir die Nerven", entgegnete Rainer und rutschte unsicher auf dem Bürostuhl in Schneiders Zimmer hin und her. „Und was hat Doro, ich meine Frau Thomas, damit zu tun? Wieso soll sie auch dabei sein?"

„Es wirkt einfach glaubwürdiger, wenn sie dabei ist, und außerdem hat er sie ja auch im Visier. Ich kann nicht auf der Burg und in Kastellaun zugleich sein, um Sie beide schützen zu können."

„Und was sollen wir annoncieren?"

„Na so was wie: *Hallo Balduin, du kannst dir dein Geschenk heute Abend ab zweiundzwanzig Uhr abholen, du weißt schon wo, Grüße Rainer*".

„Dann ist es doch schon dunkel", warf Rainer ein.

„Aber klar doch, im Hellen sieht er doch zu viel. Wie soll ich denn 20 Mann verstecken, wenn es hell ist?", antwortete Schneiders genervt und setzte hinzu: „Jetzt ist Dienstagnachmittag, eher schon Abend, das heißt wir bekommen die Annonce frühestens in die Donnerstag-Ausgabe. Dann können wir Donnerstagabend losschlagen. Nun geben Sie sich einen Ruck, Weingard! Wer hat denn so verbohrt selbst recherchiert? Nun können Sie tatsächlich mithelfen, den Fall zu lösen."

„Na gut, Sie haben ja recht", stimmte Rainer endlich zu, wenngleich es ihm dabei doch seltsam in der Magengegend war.

Wie sollte er Doro beibringen, dass sie beide die Lockvögel für Schneiders sein sollten? Auf der anderen Seite hatte er ja wirklich recht. Hatte Rainer nicht alles Mögliche unternommen, um den Fall alleine zu lösen? Wer A sagt, muss auch B sagen, dachte er sich, als er aus der Polizeidienststelle Simmern in die warme Abendsonne hinaustrat. Doro wartete vor dem Auto und sah Rainer schon von Weitem an, dass es ihm nicht gut ging.

„Was ist los? Was habt ihr da drinnen so lange besprochen?“, wollte sie sofort wissen.

„Tja, wie soll ich es sagen?“, fing Rainer an, „es ist so: wenn wir den Mörder stellen wollen, müssen wir ihm eine Falle stellen und dazu braucht Schneiders uns. Wir sind sozusagen die Lockvögel.“

„Bist du wahnsinnig? Auf was hast du dich da wieder eingelassen?“ Doro war fassungslos.

„Glaubst du wirklich, du könntest einen gefährlichen Mörder fangen? Und was heißt da überhaupt wir? Soll ich etwa auch da mitspielen?“

„Na ja, also“, stammelte Rainer, „Schneiders meint halt, dass er dich in Kastellaun nicht schützen kann, wenn er zur gleichen Zeit an der Ruine mit mir ist. Die haben nicht so viel Personal und brauchen die Leute, um am Balduinseck alles abzusperren und so weiter. Das gibt eine größere Sache.“

„Worauf habe ich mich bei dir nur eingelassen? Ich muss verrückt sein, mit so einem Wahnsinnigen zusammenzusein!“, entgegnete Doro sauer.

Rainer nahm sie in den Arm.

„Ja, verrückt vor Liebe vielleicht? Wenn das alles vorbei ist, fahren wir für ein paar Tage nach Irland, um alles zu vergessen. Versprochen!“

„Wenn wir das überleben, wirklich Rainer, mir ist nicht wohl bei dem Gedanken, für die Polizei als Köder zu dienen.“

„Donnerstagabend ist der Termin, so um zweiundzwanzig Uhr. Um zweiundzwanzig Uhr dreißig haben wir alles hinter uns und der Spuk ist vorbei. Ist doch auch was Positives. Dann wird der Mord aufgeklärt sein und wir haben Ruhe vor dem Mörder. Schneiders und seine Leute werden das schon schaffen“, versuchte Rainer Doro und sich selbst zu beruhigen.

Endspurt

Wenn die Stufen ins Nichts führen,
achte auf die letzte!
(Sprichwort)

Rainer versuchte auszuschlafen, wurde aber ab sechs Uhr alle zehn Minuten wach. Doro schlief noch, als Rainer seiner Unruhe nachgab und gegen sieben Uhr in die Küche ging, um Kaffee zu kochen. Das Spucken und Zischen der Kaffeemaschine weckte Doro und sie kam mit verschlafenen Augen ebenfalls in die Küche.

„Ich konnte nicht mehr pennen und habe schon mal Kaffee gekocht", erklärte Rainer.

„Hört und riecht man", mehr sagte Doro nicht dazu, dann verschwand sie im Bad. Rainer hörte, wie sie die Dusche anstellte und er erinnerte sich an den ersten Morgen, den er in dieser Wohnung verbracht hatte.

Nachdem Doro ihn damals zum Frühstücken eingeladen hatte, ging er duschen und Doro kam dazu. So fing alles an oder fing es am Abend vorher im Pub an, als er ihr so viel von Irland vorgeschwärmt hatte und sich in ihren Augen verlor? Jedenfalls waren seitdem nur ein paar Wochen vergangen. Wochen, die ihm wie eine kleine Ewigkeit vorkamen und in denen mehr passiert war, als in den 36 Jahren vorher. Ihre Beziehung hatte erst begonnen und war direkt in solche Turbulenzen verwickelt worden. Ein Mord. Auf der anderen Seite wäre Rainer wohl kaum an jenem bewussten Abend im Irish Pub gewesen, wenn er die Leiche nicht gefunden hätte. „Alles ist für irgendwas gut", dachte er sich. „Aber ein Toter wäre nicht unbedingt nötig gewesen."

Doro war mit dem Duschen fertig und kam aus dem Bad. „Gehst du Brötchen holen?", unterbrach sie seine Gedanken.

„Klar, ich bringe auch eine Zeitung mit. Hast du besondere Wünsche?“ Rainer stand auf und ging zur Tür.

„Ja, zwei Sesam“, rief sie ihm hinterher.

Rainer ging durch die schön restaurierte Altstadt von Kastellaun zum Bäcker und kaufte auf dem Marktplatz noch eine Rhein-Hunsrück-Zeitung. Es war noch frisch draußen und er beeilte sich. Während sie frühstückten und dabei die Zeitung lasen, schellte das Telefon. Schneiders war dran und wollte sich mit ihnen zur Lagebesprechung auf der Ruine treffen. Um zehn Uhr sollten sie dort sein. Als sie an der Ruine eintrafen, war Schneiders schon da. Sie gingen hoch und schauten sich das Gelände an. Der Vorplatz der Burg bot genug Möglichkeiten, sich zu verstecken, und in der Ruine des Palas gab es an den Fensternischen Ausgänge nach draußen, auch wenn es dort teilweise recht steil nach unten ging. Die kaputte Treppe in die nicht mehr vorhandenen Obergeschosse konnte man im Dunkeln vergessen. Selbst bei Tageslicht war der Versuch, dort hochzukommen, sehr gefährlich, wenngleich es ein paar Leute wohl schon geschafft hatten, wie man unschwer an den Graffiti erkennen konnte.

Rainer und Doro sollten am darauffolgenden Abend ab 21.30 Uhr auf dem Vorplatz sein. Schneiders wollte seine Leute überall auf der Burg postieren, sodass ihnen auch wirklich nichts passieren konnte.

Da sie eh schon in der Gegend waren, fuhren sie noch nach Mastershausen und besuchten Oma Liesel, die sich wie immer sehr freute, Doro zu sehen. Da es gerade Mittag war und ältere Damen ein untrügliches Gespür für Hungergefühle von Männern haben, kochte Oma Liesel ein paar „Krumbeere“ mehr und schlug ein halbes Dutzend Eier von garantiert glücklichen Hühnern in die Pfanne. Bei all der Heimat, die Rainer verspürte, dachte er plötzlich an seine Eltern, mit denen er seit über zwei Wochen keinen Kontakt mehr gehabt hatte, ganz zu schweigen von seinem Bruder. Eigentlich hätte Rainer mit ihm alles besprechen können, Christoph war doch bei der Staatsanwaltschaft. Ein später Gedanke, vielleicht schon zu spät? Aber in laufende Ermittlungen einer anderen Staatsanwaltschaft konnte auch er sich wahrscheinlich nicht einmischen.

Trotzdem rief Rainer ihn gleich an, als sie wieder in Kastellaun waren. Es war reine Glückssache, dass er seinen Bruder im Büro erwischte. Meistens hatte er ja Gerichtstermine. Aber er war im Büro und hatte tatsächlich Zeit, sich Rainers Geschichte anzuhören.

„Nun ja, es ist schon irgendwie deine Pflicht, der Polizei zu helfen, einen Verbrecher zur Strecke zu bringen, wenn du dazu die Möglichkeit hast. Die wissen schon, wie die das zu machen haben, da kannst du ganz beruhigt sein. Das mit den Schießereien ist doch nur im Fernsehen immer so. Die meisten Verbrecher lassen sich einfach festnehmen, wenn sie sehen, dass sie keine Chance mehr haben. Aber halt mich auf dem Laufenden, ruf an, wenn alles vorüber ist!“

Rainer konnte ihm noch das Versprechen abringen, nichts den Eltern zu erzählen, das wollte er schon selbst tun, wenn alles vorbei war.

Der Rest des Tages dümpelte so vor sich hin, Rainer saß auf dem Sofa, schaute in den Fernseher und ließ sich von solchen Ungeheuerlichkeiten wie „Mein Hund miaut, was soll ich füttern?“, berieseln.

Doro surfte derweil im Internet und schaute sich die Seiten an, die nach Irland einluden. Die größte deutschsprachige Seite, die sich mit Irland beschäftigt, Irland.de, hatte interessante Angebote, vom Flug bis zum Mietwagen und natürlich Bed & Breakfast oder Hotels, alles konnte man von dort aus buchen. Die gleichen Macher hatten auch eine sehr informative Seite nur über Dublin im Netz, nämlich dublin.de. So konnte Doro in aller Ruhe schon einmal nachsehen, was sie alles anschauen wollte, wenn sie jemals auf der Grünen Insel landen sollte.

Die folgende Nacht schlief Doro genauso unruhig wie Rainer. Erst gegen Morgen fand sie etwas Ruhe, obwohl sich Rainer von der einen auf die andere Seite wälzte und im Traum unverständliches Zeug grummelte.

Bei Buch, August 1945

Henri Lasalle schleppte seinen Kameraden verzweifelt zum nächsten befestigten Weg. Er musste eine Ausrede für ihren Ausflug im Wald finden. Geheime Lebensmittellager der Deutschen. Das war es und sein Kommandant glaubte es sogar.

Dechambre kam nach Wittlich ins Militärhospital und die umliegenden Dörfer wurden sofort nach Waffen durchsucht, natürlich ohne Erfolg. Was nun folgte, erschreckte Henri Lasalle noch mehr. Die Männer aus zwei Dörfern wurden quasi als Geiseln genommen und der Kommandant ließ verkünden, wenn sich der Heckenschütze nicht melden würde, gäbe es Erschießungen. Nun hatten die Nazis in Europa zwar furchtbar und erbarmungslos gewütet, aber ein solcher Befehl war ebenso unmenschlich. Aber wahrscheinlich war es nur Säbelrasseln. Nie hätte man, ohne die Generalität zu informieren, ein solches Exempel statuiert. Wenn Lasalle nun beichten würde, wären sie beide dran. Das Militärgefängnis würde kein Zuckerschlecken sein. Wahrscheinlich würde Jean-Claude bald wieder in Ordnung sein und auch keiner erschossen werden.

Henri Lasalle wartete einfach ab. So vergingen drei Wochen und nichts wurde so, wie er es sich vorgestellt hatte. An einem Mittwochvormittag wurden alle Geiseln freigelassen und er verhaftet.

Jean-Claude Dechambre war gestorben und hatte vorher sein Gewissen noch erleichtert.

Es hatte schon nachts angefangen zu regnen und am Morgen lagen dunkle Wolken über dem Hunsrück. Rainer schaute aus dem Küchenfenster, während Doro Kaffee kochte. Eine bedrohliche Stille herrschte im Raum und keiner der beiden vermochte sie zu vertreiben. Sie redeten über Belangloses, über das Wetter, das sich so plötzlich geändert hatte, darüber, dass es wohl abends recht ungemütlich werden würde auf der Ruine. Und so waren sie wieder angekommen, am Thema Nummer eins, vor dem sie sich nicht verstecken konnten.

„Wie sollen wir bloß den Tag rumkriegen, mit dieser Aussicht auf heute Abend?“, fragte Doro.

„Das ist wie im Wartezimmer beim Zahnarzt, man weiß, irgendwann ist man dran und am liebsten hätte man es schon hinter sich“, antwortete Rainer.

„Ein Zahnarzttermin wäre mir jetzt aber lieber!“, meinte Doro.

So schlugen sie die Zeit tot mit Fernsehen, Internet-Surfen und Kaffeetrinken. Abends bestellten sie sich zwei Pizzen vom Pizza-Service, damit sie gestärkt in den Kampf gehen konnten. Gegen 21.15 Uhr machten sie sich auf den Weg zur Balduinseck. Es hatte aufgehört zu regnen, aber alles war nass und sie waren froh, dass sie sich wetterfest angezogen hatten. Als sie ankamen, war keine Menschenseele zu sehen. Kein Schneiders und auch sonst keine Polizisten.

„Ob die schon hier überall versteckt sind?“, flüsterte Rainer.

„Na klar, die verstecken sich doch nicht erst, wenn der Typ kommt. Vielleicht ist der ja auch schon da“, bemerkte Doro unsicher.

Sie gingen den Pfad zur Ruine hoch und schauten sich auf dem Vorplatz um. Kein Mensch war zu sehen oder zu hören, kein Geräusch außer dem Wind, der leise die Blätter der Bäume zum Rascheln brachte. Hier und da knackte es im Gebüsch und jedes Mal schreckten sie zusammen. Aber dann tat sich nichts.

„Wahrscheinlich eine Maus oder ein Hase, hier wimmelt es doch von Kleinvieh“, versuchte Rainer zu beruhigen.

„Mir wäre lieb, wenn Schneiders endlich käme“, meinte Doro und Rainer konnte ihr nur beipflichten.

Langsam wurde es dunkel. Als Rainer auf seine Uhr sah, war es schon fast 22.30 Uhr und sie waren anscheinend immer noch alleine an der Ruine.

„Wenn der nicht gleich antanzt, hauen wir ab!“, beschloss Rainer, der nicht mehr gewillt war, bis Ultimo auf Schneiders zu warten.

„Vielleicht hat er sich ja auch hier versteckt“, äußerte Doro ihre Gedanken laut. Gerade wollte Rainer in die Ruine gehen, um sich nochmals umzusehen, als sie Schritte hörten, die den Pfad hochkamen. Ab jetzt ging alles sehr schnell. Schneiders stand plötzlich vor ihnen mit der gezückten Waffe.

„Schnell, in die Ruine, der Typ kommt nicht alleine!“, befahl er. Sie rannten hinein und der Kripobeamte zeigte auf den zerfallenen Treppenaufgang.

„Hier hoch, schnell!“

„Wie sollen wir da hochkommen, im Dunkeln?“, zischte Rainer zurück.

„Egal wie, Hauptsache schnell, das geht schon!“

Rainer kletterte als Erster die kaputten Treppenstufen hoch, dann sollte eigentlich Doro kommen, aber Schneiders gab ihr einen Stoß, sodass sie rückwärts in die Dunkelheit fiel.

„Rainer!“, rief sie verzweifelt.

Rainer drehte sich um und blickte in die Pistolenmündung von Schneiders Dienstwaffe.

„Weiter hoch, los schon! Weiter!“, befahl der Polizist erneut.

„Was soll das, sind Sie bescheuert? Wieso haben Sie das getan?“, schrie Rainer Schneiders an.

„Versteck dich!“, rief er Doro zu und kletterte weiter nach oben.

Doro hatte sich mittlerweile vom Boden hochgerappelt und wollte zum Treppenaufgang, um den beiden hinterherzuklettern. Plötzlich hörte sie von hinten ein paar Schritte, und bevor sie sich noch umdrehen konnte, hatte sie jemand von hinten gefasst und hielt ihr den Mund zu. Sie versuchte sich zu wehren, aber egal was sie auch tat, der Unbekannte hatte sie so fest im Polizeigriff, dass sie nur sich selbst wehtat, wenn sie sich bewegte. Ein Gesicht tauchte vor ihrem auf und hielt den Finger vor den Mund. Es war eine Frau, vielleicht Mitte dreißig, die blonden Haare zum Zopf gebunden, mit kugelsicherer Weste ausgestattet. Sie hielt Doro einen Ausweis vor die Nase, worauf diese aufhörte, sich zu wehren. Der Mann im Kampfanzug, der sie so unsanft gehalten hatte, ließ nun locker. Nochmals bedeutete ihr die Frau, die nach ihrem Ausweis Kripobeamtin war, leise zu sein und in der anderen Ecke der Ruine zu warten. Ein Polizist blieb bei ihr stehen, die Waffe im Anschlag. Doro zitterte. „Was wird aus Rainer und was war hier schiefgelaufen?“, dachte sie unruhig.

Am liebsten wäre sie wieder losgerannt und hätte nach ihrem Freund gerufen. Sie hörte in der Stille der Dunkelheit, wie Rainer mit Schneiders oben irgendwo im ersten Stock diskutierte. Nur Wortfetzen drangen bis zu ihr herunter, da die beiden immer noch mehr oder weniger flüsterten. Also hatten sie die anderen Polizisten noch nicht bemerkt, die aber doch, laut Schneiders, sowieso hier sein sollten.

„Wieso haben Sie das getan?“, fragte Rainer erneut, „was wird hier gespielt?“

„Wieso ich das getan habe? Wieso mussten Sie mir einen falschen Zettel geben, Sie Narr? Warum haben Sie sich nicht einfach aus allem herausgehalten? Aber nein, Sie mussten ja den Detektiv spielen, Philip Marlowe, der Kleinen imponieren und so weiter“, gab Schneiders wütend zurück.

Sie waren nun auf dem inneren Sims im ersten Stock und es war schwierig, sich zu orientieren im Dunkeln, obwohl der

Sims mit einer breiten Mauer gehalten wurde, die knapp einen Meter dick war. Aber Gestrüpp und sogar kleine Holunderbäume wuchsen hier. Rainer versuchte etwas von Schneiders wegzukommen, aber er rutschte ab und konnte sich gerade noch einmal fangen.

„Los jetzt, den Originalzettel her!“, zischte Schneiders.

Rainer griff in die Hosentasche und reichte ihn Schneiders rüber. Während dieser versuchte, den Zettel zu identifizieren, tastete Rainer sich wieder ein Stück weiter von ihm weg. Nur im Dunkeln konnte er dem wohl durchgedrehten Polizisten entkommen. Er hatte sich um einen Busch herumgetastet und kroch auf allen vieren weiter auf dem Sims ins Innere der Ruine.

„Stopp, bleib hier, ich schieße sonst!“, Schneiders hatte aufgepasst und Rainer hielt inne.

Plötzlich wurde es gleißend hell um die beiden. Rainer hielt zum Schutz eine Hand vor die Augen und er hörte, wie eine Stimme seinen Widersacher aufforderte, die Waffe fallen zu lassen. Dann krachte ein Schuss. Rainer zuckte zusammen, er schmiegte sich so eng es ging an die Mauer. Dann hörte er noch einen Schuss und einen kurzen Schrei.

„Rainer, Rainer!“, Doro hielt es in ihrer Ecke nicht mehr aus, sie hatte alles mit angesehen. Als die Polizei ihre Blendgranaten abschoss und Schneiders zum Aufgeben aufforderte, hatte der versucht, auf sie zu schießen. Sofort hatte einer der jetzt unzähligen Polizisten, die aus allen Ecken der Ruine auftauchten, zurückgeschossen. Schneiders wurde getroffen und er fiel nach hinten durch eine Fensteröffnung in der Mauer.

Rainer lag auf dem Sims und blinzelte vorsichtig nach unten.

„Alles vorbei, alles klar, können Sie mich verstehen?“, rief die Polizistin, die anscheinend die Einsatzleitung hatte.

„Ja, ich bin ja nicht taub“, antwortete Rainer

„Können Sie alleine runterkommen, oder brauchen Sie Hilfe?", war die nächste Frage und Rainer gab zurück, dass etwas Licht im Treppenaufgang hilfreich wäre. Er kletterte so vorsichtig es mit den weichen Knien ging hinunter und Doro fiel ihm um den Hals, als er unten war.

„Du blutest ja", bemerkte sie und tatsächlich Rainer hatte sich eine Wunde am Arm zugezogen, als er beim Ausrutschen oben auf dem Mauersims Halt gesucht hatte. Er setzte sich auf den Boden und ließ sich von einem Polizisten notdürftig die Wunde verbinden. Doro hielt seine Hand und zitterte immer noch ein wenig. Sie drückte sich dicht an ihn und Rainer spürte ein paar Tränen auf seiner Wange, die nicht von ihm kamen.

„Alles ist gut, ist alles vorbei, ich liebe dich", flüsterte er Doro ins Ohr und sie drückte ihn noch fester an sich. Auf einmal stand die Kripobeamtin vor den beiden, die ihnen auf so wundersamer Weise geholfen hatte.

„Hallo, alles klar soweit? Ich bin Hauptkommissarin Bach, Interne Dienststelle."

„Nein, ich meine ja, ist nicht so schlimm. Ich verstehe gar nichts mehr. Was war denn in Schneiders gefahren? Wieso ist der so ausgeflippt? Was ist mit ihm?"

Rainer war noch so durcheinander, dass er das Geschehene nicht einordnen konnte.

„Schneiders hat es nicht überlebt, wir haben ihn eben gefunden, er hat sich das Genick gebrochen", antwortete Hauptkommissarin Bach nüchtern und fuhr fort, „Sie werden gleich nach Simmern gebracht – Sie sind doch vernehmungsfähig? Ich will einiges wissen!"

„Ja, ich bin vernehmungsfähig und ich will auch einiges wissen." Rainer war schon wieder so fit, dass er wütend reagierte.

Als sie den Pfad neben der Ruine heruntergingen, kamen sie an Schneiders vorbei, der unnatürlich verdreht, den Kopf nach unten auf einem Stück Felsen zwischen dem Gebüsch im Abhang lag. In der linken Hand ein Stück zerknülltes Zeitungspapier. Unten standen mindestens fünf Polizeiwagen mit Blaulicht auf dem kleinen Parkplatz und ein Rettungswagen kam gerade angefahren. Der Sanitäter wollte Rainers Wunde sehen, der aber wiegelte ab. Es war ja nur ein Kratzer. Auf der ganzen Fahrt nach Simmern zur Polizeidienststelle sprachen sie kein Wort. Doro und Rainer saßen hinten im Wagen und hielten sich gegenseitig fest. Endlich angekommen, führte man sie in ein Büro und Hauptkommissarin Bach orderte Kaffee für alle. Dann begann sie mit ihrer Befragung:

„Nun erzählen Sie mal ganz langsam und von Anfang an." Und Rainer erzählte, beginnend mit seiner unglücklichen Begegnung mit dem Toten an der Ruine Balduinseck, von dem Zettel, den er Schneiders verschwiegen hatte, von seinen Nachforschungen und der Reise in die Provence, davon, dass er Schneiders dann doch den Zettel übergeben hatte, aber einen selbstgeschriebenen. Wieso er das Original so beharrlich für sich behalten hatte, konnte er nicht erklären. Er wusste es selbst nicht. Vielleicht innere Eingebung, Intuition, Instinkt?

Hier und da half Doro Rainers Gedächtnis ein wenig nach und sie musste erklären, wie sie in die Geschichte involviert war. Als sie geendet hatten, herrschte erst einmal Stille im Büro. Hauptkommissarin Bach hatte die Kaffeetasse am Mund und schaute über Rainer und Doro hinweg in den Raum hinein, als wäre dort irgendwo die Antwort auf all ihre Fragen.

„Jetzt wird mir einiges klarer", begann sie langsam, „Marcel Dechambre hatte über das Internet Kontakt zu Schneiders aufgebaut und war mit ihm auf Schatzsuche. Die beiden geraten aus irgendeinem Grund in Streit und Schneiders erschlägt ihn. Das kann er noch gut vertuschen, er lässt ihn einfach dort liegen und beseitigt seine eigenen Spuren. Dann tauchen Sie auf. Zunächst als idealer Täter, aber Sie wussten zu viel durch Ihre eigenen Nachforschungen. Außerdem hatten Sie ja noch den

Originalzettel mit Schneiders Handschrift drauf. Der erkennt erst, welche Gefahr von Ihnen ausgeht, als Sie ihm den selbstgekritzelten Zettel geben. Dann plant er, Sie und Ihre Freundin auf einen Streich von der Bildfläche verschwinden zu lassen, und fingiert diese Nachricht in der Zeitung, um Sie dazu zu bringen, sein Spiel mitzuspielen. Wahrscheinlich hätte er versucht, alles Dechambres Bruder in die Schuhe zu schieben oder dem großen Unbekannten."

„Was ich aber nicht verstehe, ist wie Dechambre an den Zettel kam, den Schneiders geschrieben hat", gab Rainer zu bedenken.

„Keine Ahnung, vielleicht hat Schneiders Dechambre das Stückchen Papier in Ungedanken gegeben, als sie noch guter Dinge waren. Vielleicht hat Schneiders ihn auch einfach nur verloren und Dechambre hat ihn aufgehoben und in die Hosentasche gesteckt. Wahrscheinlich hatte er es dann selbst vergessen. Es sind immer solche Kleinigkeiten, die den Verbrechern zum Verhängnis werden", erklärte die Kriminalbeamtin.

„Und wie sind Sie überhaupt auf Schneiders aufmerksam geworden?", wollte Doro wissen.

„Nun ja, die Kollegen hier hatten das Gefühl, dass der ganze Fall in der Tat ziemlich verwickelt war, und Schneiders hat immer neue Knoten gemacht. Eigentlich das Gegenteil von dem, was er tun sollte. Es kam da so ein Verdacht auf, weil er immer alles alleine bearbeiten wollte. Alles, was auch nur im Geringsten mit der Sache zu tun hatte. Jedenfalls wurde ich von der Internen Dienststelle hierher versetzt. Ich hatte Sie beide auch beobachten lassen, und als mir heute Abend die Kollegen meldeten, dass Sie und Schneiders auf dem Weg zur Balduinseck seien, wusste ich, dass was im Busch ist. Und dann kam noch ein Anruf von der Staatsanwaltschaft, Sie scheinen Verbindungen zu haben. Jedenfalls wurde mir von einem Einsatz berichtet, von dem in Simmern keiner was wusste."

„Weiß man mittlerweile, wie Dechambre zur Balduinseck kam? Es war ja kein Auto dort und die Busse fahren ja nur zweimal am Tag“, fragte Doro weiter.

„Er kam mit dem Flugzeug aus Montpellier, dann hat er ein Taxi zur Ruine genommen, das wahrscheinlich teurer war als der Flug mit Ryanair. Der Taxifahrer hat sich bei uns gemeldet, als er von dem Toten hörte. Er fand es seltsam, dass sich jemand abends um dreiundzwanzig Uhr ans Balduinseck fahren ließ. Dechambre muss die Nacht dort verbracht haben“, fasste die Hauptkommissarin ihre Erkenntnisse zusammen.

Ein Polizist kam herein und gab ihr einen Packen Papiere. „Sieh mal einer an, alles Unterlagen, die sich mit einem Schatz beschäftigen. Schneiders muss wohl davon besessen gewesen sein. In seiner Wohnung war alles voll damit.“

„Wie auch immer, vielen Dank für alles. Ich habe jetzt noch weiche Knie“, bedankte sich Rainer.

„Ach, Sie haben sich doch gar nicht so schlecht geschlagen, oder? In jedem von uns steckt ein kleiner Held, der rauskommt, wenn es nötig ist. Und ein kleiner Sherlock Holmes. Ist doch erstaunlich, was Sie so alles herausbekommen haben. Aber auch nicht ungefährlich, was meinen Sie?“

„Ich meine gar nichts mehr, ich will jetzt heim“, gab Rainer zurück und Doro nickte heftig.

Die grünen Hügel

„Blicke immer in die Sonne,
dann fällt der Schatten hinter dich.
(Sprichwort)

Das Feuer knisterte und roch anheimelnd. Die Bedienung brachte ihnen zwei kleine Guinness und die Musiker hatten gerade Platz genommen, nur zwei Tische entfernt von dem ihren. Sie packten die Instrumente aus, eine Bazouki, eine Flöte und ein kleines Akkordeon. Jetzt konnte es sich nur noch um eine halbe Stunde handeln, bis sie anfangen würden mit der irischen Musik, denn auch sie mussten sich zuerst mit der irischen Muttermilch, dem tiefbraunen Guinness, stärken.

Doro und Rainer waren in Ennis im „Cruises", einem Pub mit angeschlossenem Speiselokal. Die Musiker spielten im vorderen Teil des Pubs, so konnten die beiden alles gut sehen und hören.

Am Tag zuvor waren sie in Kerry gelandet und hierher hochgefahren. Sie hatten sich schon die Cliffs of Moher angesehen, die teilweise 200 Meter steil abfallenden Klippen im Westen Irlands. Morgen würden sie den Burren erkunden, eine karge Steinlandschaft mit einzigartiger Vegetation und Dolmengräbern aus der Vorzeit. Dann wollten sie wieder zurück Richtung Shannon und sich die Gegend dort ansehen. Dort gab es das Bunratty Castle und einen angeschlossenen Folkpark, ein Freilichtmuseum mit alten Bauernhäusern. Im Schloss konnte man ein typisch irisches Bankett buchen, mit Musik und Völlerei wie im Mittelalter.

Rainer hatte sein Versprechen eingehalten und zeigte Doro Irland, zumindest einen sehenswerten Teil davon. Eine Woche hatten sie Zeit, dann musste Rainer bei seiner neuen Arbeitsstelle anfangen, und das war auch langsam Zeit. Seine Ersparnisse schrumpften nämlich langsam aber sicher. Aber

Irland musste sein, das wollten sie sich gönnen, nach all dem Trubel im Sommer und dem, was dann noch daraus folgte.

Etliche Interviews in der lokalen Presse und sogar ein Bericht in einem Boulevard-Magazin im TV mussten sie über sich ergehen lassen. Aber dann wurde es ruhiger. Immerhin brachte ihm der Trubel den neuen Job, denn als bekannt wurde, dass Rainer eine Stelle suchte und im Hunsrück bleiben wollte, bekam er viele Zuschriften, teilweise auch nicht ernstgemeinte. Für eines der Angebote entschied sich Rainer schließlich. Eine Druckerei mit Werbeagentur am Rhein suchte noch einen Mitarbeiter und er hatte nach dem Einstellungsgespräch mit seinem neuen Chef ein gutes Gefühl. Neue Aufgaben warteten auf ihn. Ein neues Leben, wie es ihm fast schien.

Bald würden Doro und er sich eine schöne große Wohnung suchen und das Zusammensein genießen. Er fühlte sich zum ersten Mal in seinem Erwachsenenleben irgendwo angekommen, zu Hause.

Die Musiker hatten sich warm getrunken und fingen an zu spielen. Rainer sah Doro an und grinste. Dann nahm er einen Zettel aus der Hosentasche, schaute kurz darauf und warf ihn ins Torffeuer.

„Den brauche ich nicht mehr, ich kann mir ohnehin so merken, was drauf steht."

„Sag, dass ich das jetzt geträumt habe", sagte Doro entgeistert.

„Was soll ich noch mit einem Zettel, wo nur ein Name und eine Zahl draufsteht."

„Du bist unverbesserlich!"

Epilog

Ruine Balduinseck, im November 1963

Der Pfad war klitschig und Nebel waberte an dem frühen Morgen um die alte Ruine herum. Wie lange war das jetzt her, dass er hier das letzte Mal gestanden hatte? 18 Jahre waren es jetzt, dass er schwere Schuld auf sich geladen hatte. Einen Kameraden erschießen, das ist so ziemlich das Schlimmste, was man machen kann.

Aber er hatte dafür bezahlt. Der Streckschuss in seinem linken Bein behinderte ihn noch bis heute und er hatte Mühe, zur Ruine hochzukommen. Seine Identität hatte er verloren, als „gefallen" galt er, wobei er den Krieg in Nordafrika doch einigermaßen gut überlebt hatte. Egal, jetzt war er an der Reihe, reich zu werden.

Sein dunkelhäutiger Sohn war schon auf dem Vorplatz der Burg angelangt und wartete auf die Anweisungen seines Vaters. Am hinteren Ende des Vorplatzes gingen sie durch eine Öffnung in der Mauer und ein Stück den Berg hinunter. Dort suchten sie im Hang nach einem besonderen Stein, einem großen Quarz-Findling. Tatsächlich entdeckten sie ihn, jedoch weiter unten als vermutet. Er musste im Laufe der Zeit vom Regen und der Erosion nach unten gewandert sein, weshalb sie circa zwei Meter oberhalb des Steines anfingen zu graben.

Als sie ungefähr anderthalb Meter tief gegraben hatten, stießen sie auf eine Kiste. Vorsichtig buddelten sie sie aus. Aufgeregt wie zwei Kinder an Weihnachten öffneten sie diese. Die alten Geschichten hatten also doch etwas Wahres an sich. Voll Freude umarmten sich die beiden Männer. Schnell verstauten sie die Goldmünzen in die mitgebrachten Säcke. Dann gingen sie so schnell es ging zum Parkplatz zurück und machten sich auf den Heimweg.

Bis Casablanca war es noch ein gutes Stück.

Danksagung

Ich möchte mich bei allen bedanken, die zum Gelingen dieses Buches beigetragen haben. Danke den „Probelesern“, die mich bestärkt haben, das Projekt weiterzuführen. Allen voran meiner lieben und verständnisvollen Caroline. Danke auch an Herrn Ambrosius von der Rhein-Zeitung für seine Tipps, ebenso an Herrn Strauch. Dem Burgherren der Balduinseck, Herrn Mertes, vielen Dank für sein Vorwort. Danke auch an Felizi Sobik, die mir aus ihren Kindheitserinnerungen an die Geiselnahme 1945 in Mastershausen erzählt hat. Gerne erinnere ich mich auch an die gemeinsame Burgerkundung mit Mikel, mit dem ich einige Male um und im Balduinseck war.

Besonderer Dank gebührt Herrn Alfred Strödicke, ohne dessen Mithilfe und unermüdliche Aufmunterung dieses Buch nie zustande gekommen wäre.

In Erinnerung an die erste Probeleserin, die die Fertigstellung des Buches leider nicht mehr erleben durfte: Tina.

Dies ist ein Roman, eventuelle Ähnlichkeiten mit Verstorbenen oder noch lebenden Personen sind zum einen rein zufällig, andere Personen gibt es tatsächlich, sie waren freundlicherweise einverstanden mit ihrer Nennung. Die beschriebenen Örtlichkeiten gibt es ebenfalls und die historischen Zusammenhänge habe ich neu interpretiert.

Stefan Nick, im Sommer 2009

Im Jahre 1711 wurde als die Burg Balduinseck als verwahrlost gemeldet, seit 1780 ist sie zerfallen. Seitdem wurde sie als Steinbruch genutzt, bis auch das sich nicht mehr lohnte. Immer wieder gab es in den vergangenen Jahren „Denkmalschützer“ aus den umliegenden Dörfern, die mit Fahnen oder Grafitti-Parolen auf den bemitleidenswerten Zustand der Ruine aufmerksam machten. Waghalsig kletterten sie bis auf den höchsten Sims, um ihre Fahnen zu entrollen. Es sollte bis ins Jahr 2006 dauern, bis die Gemeinde Buch ein Sicherungskonzept beschloss. Rund 1,5 Millionen Euro müssen durch den Denkmalschutz und überregionale Stellen aufgebracht werden, die Gemeinde Buch hat jährlich einen hohen Beitrag zu leisten, um die Balduinseck vor dem weiteren Verfall zu bewahren.

Das Konzept von einem „Balduinswanderweg“ nimmt langsam Konturen an, hier könnten Mittel aus Brüssel fließen. In ihren ursprünglichen Zustand wird die Balduinseck wohl nie wieder hergestellt, es sei denn jemand investiert seinen Lotto-Gewinn in die Ruine. Während der Sanierungsarbeiten ist der Zugang gesperrt, wer sich ein Bild der Ruine machen möchte, sei auf die Foto-Galerie unter: www.hunsrueck-heimat.de verwiesen.

Spendenkonto Balduinseck:
Wer der Gemeinde Buch helfen möchte, die Ruine Balduinseck zu erhalten, kann unter folgendem Konto eine Spende einzahlen:

Spendenkonten Balduinseck:
Verbandsgemeinde Kastellaun
KSK Rhein-Hunsrück
Konto-Nr. 12 100 608
(BLZ 560 517 90)
Raiffeisenbank Kastellaun
Konto-Nr. 100 010
(BLZ 560 611 51)
Verwendungszweck: Balduinseck

(Spenden sind steuerabzugsfähig bis 20 Prozent des jährlichen Gesamteinkommens)

QUELLENNACHWEIS:

Die Geschichten der Schatzsucher entnommen aus:
Mastershausen – Geschichte einer Gemeinde, S. 135f
„Wie es den Schatzgräbern auf Balduinseck erging“
„Wie der Schäfer Jörg das Schlossfräulein erlösen kann“

Die CD-Rom der Burg Balduinseck:
Burgruine Balduinseck – Ergänzungsband zu Heimatbuch Buch/Mörz mit virtueller Burgführung auf CD-Rom von Jörg Scherb und Birger Boos.

Auf folgenden Webseiten kann man Informationen „nachschlagen“:

Webseite der Gemeinde Buch:
www.gemeinde-buch.de unter der Rubrik *„Geschichtliches“*

Webseite der Gemeinde Mastershausen:
www.mastershausen.de unter der Rubrik *„Geschichtliches“,*
(leider ist auf der neuen Internetpräsenz die Geschichte der Geiselnahme 1945 nicht mehr aufgeführt.)

Webseite über das Mittelalter:
www.mabib.de – Die Mittelalter Bibliothek mit Informationen zum Leben im Mittelalter und zu den Kreuzzügen

Webseite über Balduin von Luxemburg:
www.bautz.de/bbkl/b/balduin_v_l.shtml:
Biographisches/Bibliographisches Kirchenlexikon – Informationen über Balduin von Luxemburg

Fotogalerien von der Ruine Balduinseck, Kastellaun, Herrstein, den Hunsrück-Highland Games, vom Schinderhannesturm und vielen weiteren Sehenswürdigkeiten sind zu sehen unter: *www.hunsrueck-heimat.de* > *Galerien*

alle Fotos: Stefan Nick

Die Festung Les Baux in der Provence:
www.chateau-baux-provence.com/fr/baux/

Die Cathédrale d'Images in der Provence:
www.cathedrale-images.com

Informationen über Irland:
www.irland.de, www.dublin.de und Ennis *www.visitennis.ie*

Paddy Schmidt:
www.paddy.de

> am Besten über: ***www.balduinsmord.de***
Dort gibt es alle Links zu Webseiten, die im Buch erwähnt sind.

Der Autor

Stefan Nick wurde 1962 in Koblenz geboren und wuchs dort auf. Schon in seiner Jugend verfasste er Gedichte, Theaterstücke und arbeitete bei Schüler und Stadtzeitungen mit.

Nach der Berufsausbildung zum Erzieher in Boppard arbeitete er mit Kindern, Jugendlichen und Menschen mit Behinderung.

Im Jahr 1984 wurden zwei seiner Gedichte im rororo Taschenbuch „Jugend – vom Umtausch ausgeschlossen – eine Generation stellt sich vor" veröffentlicht.

Diverse Veröffentlichungen in Lyrik-Foren im Internet brachten ihn dazu, an einem eigenen Gedichtband zu arbeiten, der mit „Lieb und Frieden" nun vorliegt. Parallel fing er das Schreiben seines ersten Hunsrück-Krimis an. Durch die geographische Nähe seines ehemaligen Wohnortes zur Ruine Balduinseck und den alten Geschichten, die sich in den Dörfern immer noch erzählt werden, wurde er zu seinem Erstlingswerk inspiriert.

Als freier Mitarbeiter des Rhein-Hunsrück-Anzeigers und später der Rhein-Hunsrück-Zeitung kam er viel in der Region Rhein-Hunsrück-Mosel herum und gibt zwei Webseiten zur Region heraus, zum einen www.hunsrueck-heimat.de, eine Seite mit vielen Informationen zum Hunsrück und zum zweiten www.watwo.de, die regionale Veranstaltungsseite.

Seinen Lebensmittelpunkt hat Stefan Nick in Boppard am Rhein gefunden, er hat zwei Töchter und betreut seit zehn Jahren Menschen mit psychischer Behinderung.

Balduinsmord – Die Tour

Lesung und Musik mit Stefan Nick, Werner Rüdel und Achim Römer.

Stefan Nick trägt Passagen aus seinem Hunsrück-Krimi „Balduinseck“ und Gedichte aus seinem Gedichtband „Lieb und Frieden“ vor, musikalisch begleitet von Werner Rüdel, der Stücke von seiner CD „… den Dingen ihren Lauf“ und Mundartlieder zu Gehör bringt. Diese Mischung aus Literatur und Musik, durchaus mit regionalem Charakter, sorgt für kurzweilige und anspruchsvolle Unterhaltung. Als Verstärkung an der Gitarre wird Achim Römer zu hören sein.

Alle Informationen zu Terminen gibt es unter www.balduinsmord.de.